Cinque Terre und Ligurien

Ralf Nestmeyer

Ralf Nestmeyer, Jahrgang 1964, studierte Geschichte und Philosophie und ist Autor von mehreren Reiseführern und Bildbänden über verschiedene europäische Regionen, mit Schwerpunkt Italien und Frankreich. Für MERIAN live! hat er die Bände »Sizilien«, »Normandie« sowie »Bayerischer Wald« recherchiert und geschrieben.

Die Cinque Terre bilden den wohl schönsten Abschnitt der ligurischen Küste. Die fünf Dörfer, die hier entstanden, waren über Jahrtausende hinweg nur mit dem Schiff oder über Saumpfade zu erreichen. Hier der Blick auf Corniglia.

Willkommen in den Cinque Terre und in Ligurien

Cinque Terre und Ligurien erleben

MERIAN-Tips

Sehenswerte Orte und Ausflugsziele

Routen und Touren

Karten und Pläne

Die Buchstaben-Zahlen-Kombinationen im Text verweisen auf die Planquadrate der Karten.

Wichtige Informationen

Eine Bilderbuchlandschaft mit hohen Bergen und verträumten Küstenorten! Vom Klima verwöhnt, hat Ligurien Reisende aus dem Norden stets fasziniert.

Als **arcobaleno**, Regenbogen, wird die ligurische Küste von den Fremdenverkehrsexperten angepriesen. Und fürwahr, Liguriens faszinierende Landschaft weist viele Facetten auf. In erster Linie ist es aber der Kontrast zwischen dem schmalen mediterranen Küstensaum und dem kargen Bergland, auf den sich der Zauber Liguriens gründet.

Mare e Monti

Die Gebirgszüge stoßen bis ans Meer vor, fallen steil zum Ufer ab und lassen dabei nur wenig Platz für Straßen und Dörfer. Nur selten, wie im Hinterland von Albenga, findet sich in Küstennähe eine größere Ebene. Ligurien ist ein Land der Gegensätze: Während die quirlige Küste mit ihrer heiteren Strandatmosphäre begeistert, weisen die abgeschiedenen Täler und Höhenzüge, die oft nur wenige Kilometer entfernt sind, ganz andere Vorzüge auf: alte Ölmühlen, kleine, kunstvoll geschwungene Steinbrücken, rundherum Kastanienwälder, Olivenhaine und Weinberge; hier und da ein einsames Bergdorf, dessen Gassen so schmal sind, daß kein Auto darin Platz findet.

Der kleine Ort San Michele di Pagana liegt zwischen Rapallo und Santa Margherita Ligure.

Doch das archaische Szenario hat auch seine Schattenseiten: Verlassene Bauernhöfe sind ein untrügliches Zeichen für den seit Jahrzehnten anhaltenden Bevölkerungsrückgang. Die Einheimischen, vor allem die Jüngeren unter ihnen, leiden unter der Rückständigkeit und Abgeschiedenheit ihrer Heimatdörfer und ziehen Konsequenzen: Rund neun von zehn Ligurern leben inzwischen an der Küste. Die Abwanderungen können auch ein paar Aussteiger und Ferienhausbesitzer nicht kompensieren; letztere sind in manchen Dörfern wie beispielsweise Zuccarello bereits in der Mehrheit.

Seit mehreren tausend Jahren ein selbstbewußtes Volk: Die Ligurer unterstreichen ihre Aussagen durch eindeutiges Mienenspiel und expressive Gestik.

Steinzeitmenschen, Ligurer und Römer

Die ligurische Küste muß schon in Urzeiten eine besondere Anziehungskraft ausgeübt haben; nicht zufällig gehört die Region zu den ältesten Siedlungsgebieten der Menschheitsgeschichte. Westlich von Ventimiglia wurden in den Balzi-Rossi-Grotten nicht nur Werkzeuge aus der mittleren Steinzeit gefunden, sondern auch zahlreiche Skelette des Crô-Magnon-Menschen, eines Jägers und Sammlers, der als direkter Vorfahre des Homo sapiens gilt.

Vor mehr als 3000 Jahren breiteten sich die **Ligurer**, ein indogermanisches Volk, entlang der Mittelmeerküste vom Rhônetal bis nach Livorno aus. Ihr Siedlungsgebiet reichte anfangs weit nach Norden, über die Poebene hinaus bis zu den oberitalienischen Seen, doch wurden sie von den Kelten und Etruskern auf jenen Küstenbereich zurückgedrängt, der noch heute den Namen Ligurien trägt.

Seine erste kulturelle Blütezeit erlebte Ligurien erst nach der Eroberung durch die Römer. Es entstanden Städte mit rechtwinkligem Grundriß, in denen Amphitheater wie in **Ventimiglia** und **Luni** selbstverständlich nicht fehlen durften.

Neben dem Christentum war die wichtigste Hinterlassenschaft der Römer die nach einem Zensor benannte **Via Aurelia.** Dieser an wenigen Stellen – so in der Nähe von Albenga – noch original erhaltenen Küstenstraße verdankte Ligurien seinen wirtschaftlichen Aufschwung. Der schmale Küstenstreifen profitierte hauptsächlich vom regen Handel zwischen Rom und seinen gallischen sowie spanischen Provinzen. Wer nicht über das Meer segeln wollte, mußte noch bis weit ins 20. Jahrhundert hinein die Via Aurelia benutzen. Auch heute umgibt den Namen Via Aurelia eine geheimnisvolle Aura, wenngleich eine Fahrt auf der verkehrstechnisch schlicht als »S 1« bezeichneten Straße wegen ihrer zahlreichen Ortsdurchfahrten längst kein Vergnügen mehr ist.

Sarazenengefahr

Nach dem Zusammenbruch des Römischen Reiches herrschte in Ligurien ein regelrechtes Machtvakuum, das es den verschiedensten Völkern und Mächten leicht machte, sich an den Küsten festzusetzen. Innerhalb weniger Jahrhunderte wechselten sich Westgoten, Byzantiner und Langobarden ab, bevor schließlich Karl der Große Ligurien seinem Frankenreich einverleibte. Gerade als einige Hafenstädte wie Genua und Albenga zu prosperieren begannen, war es mit dem Frieden vorbei: Sarazenische Piraten suchten die Küste heim! Als eine Folge der steten Piratengefahr, die wie ein Damoklesschwert über der ligurischen Küste schwebte, zog sich die Bevölkerung damals ins leichter zu verteidigende Hinterland zurück; die verlassenen Küstenstädte dienten einzig noch zum Be- und Entladen von Handelsschiffen. Erst einer gemeinsamen Flotte mit Schiffen aus Genua und Pisa war Erfolg beschieden: 1014 wurden die Sarazenen in einer offenen Seeschlacht vor Sardinien vernichtend geschlagen.

Wohnen und speisen in stilvollem Ambiente. Das Hotel Stella Maris in Levanto (→ S. 60) befindet sich in einem prächtigen Stadtpalast.

Die ersten Touristen

Gegen Ende des 18. Jahrhunderts wurde die italienische Mittelmeerküste schließlich von den ersten Engländern »entdeckt«, die den Winter im milden Klima des Südens verbringen wollten. Niemand konnte damals ahnen, daß man es mit den ersten Vorboten einer neuen Völkerwanderung zu tun hatte. Anfangs wohnten die Engländer zur Miete, später entstanden regelrechte Kolonien; ganze Villenviertel wurden errichtet, tropische Pflanzen akklimatisiert und weitläufige Gärten angelegt. Der wohl schönste botanische Garten, die westlich von Ventimiglia gelegenen **Giardini Hanbury,** erinnert noch heute an die prachtvolle Gartenkultur vergangener Tage.

Offiziell suchte man die italienische Riviera damals der Gesundheit wegen auf, doch die Zeitgenossen wußten um die wahren Motive der Müßiggänger: »Weil es Mode ist oder aus Langeweile und aus Vergnügungssucht reisen genauso viele Leute hierher wie wegen ihres schlechten Gesundheitszustands«, empörte sich 1870 ein Engländer. Die Gäste aus Paris, London oder Hamburg reisten bis in die Zeit vor dem Zweiten Weltkrieg mit Luxuszügen an, die sich ausschließlich aus Wagen der ersten Klasse zusammensetzten. **San Remo, Bordighera, Rapallo** – das waren damals die beliebtesten Ziele der Nordeuropäer. Für die meisten kränkelnden Gäste hatte der sonnige Aufenthalt allerdings fatale gesundheitliche Folgen, da das milde Mittelmeerklima fälschlicherweise als ideal zur Heilung von Lungenkrankheiten

Die meisten ligurischen Strände sind fest in der Hand von balnearios, Badeanstalten, in denen man Liegestühle und Sonnenschirme mieten kann. Hier der Strand von Levanto.

galt. Zu einem entscheidenden Wandel kam es in den fünfziger Jahren: Der Nachholbedarf der düsteren Kriegsjahre, gepaart mit einem gesetzlichen Anspruch auf bezahlte Urlaubstage sowie die Aufhebung der beschränkten Deviseneinfuhr hatten einen wahren Reiseboom nach Italien zur Folge. Die Riviera galt nicht länger als exklusiv, sondern wurde zum touristischen Allgemeingut. Von einer nicht zu stillenden Italiensehnsucht getrieben, strömten deutschsprachige Touristen nach **Alassio** oder **Finale Ligure**; die italienische Riviera wurde jenseits der Alpen zum Inbegriff des Dolcefarniente.

Italienische Riviera

Unter touristischen Gesichtspunkten wird Ligurien noch immer vielfach mit der »Riviera« gleichgesetzt und dies, obwohl der Küstensaum gerade mal ein Prozent der Region ausmacht. Quasi am Scheitelpunkt des Küstenbogens liegt Genua, nach Westen zur untergehenden Sonne hin erstreckt sich die **Riviera di Ponente** mit den bekannten Ferienmetropolen Alassio und San Remo, der aufgehenden Sonne entgegen blickt die **Riviera di Levante**. Am ursprünglichsten und am unverbautesten ist ihr östlichster Teil, die **Cinque Terre**. Dieser geradezu paradiesische Landstrich ist von den Segnungen der modernen Zivilisation noch weitgehend unberührt geblieben. Wer in den fünf malerischen Dörfern Monterosso al Mare, Vernazza, Corniglia, Manarola und Riomaggiore Diskotheken oder gestylte Bars sucht, wird nicht fündig. Doch unter Wanderfreunden gilt die einzigartige Terrassenlandschaft der Cinque Terre als eine der schönsten Regionen Italiens.

Blumenriviera

Einen großen Teil seiner Anziehungskraft verdankt Ligurien seinem gleichmäßigen milden Klima. Die parallel zur Küste verlaufenden Gebirgszüge halten den kalten Nordwind ab, während sich die warme Meerluft an den Hängen staut. Frost und Schnee sind an der Küste so gut wie unbekannt. Noch vor 100 Jahren war die ligurische Küste mit grün und gelb leuchtenden Zitrushainen regelrecht übersät; doch mittlerweile hat der lukrativere **Blumenanbau** die Obstplantagen verdrängt. Zwischen Bordighera und Imperia ist die Landschaft mittlerweile regelrecht mit Gewächshäusern zugepflastert, es gibt kaum eine Stelle, an der die Glasdächer nicht in der Sonne glitzern und die zylinderförmigen Wannen nicht auf das kostbare Regenwasser warten.

»La Superba«

Ein Abstecher nach **Genua** gehört einfach zu einem Ligurienaufenthalt. »La Superba«, die Stolze, ist mit 780 000 Einwohnern die fünftgrößte Stadt Italiens. Fast jeder zweite Ligurer wohnt in der schillernden Metropole. Die Meinungen über Genua gehen vonjeher auseinander. Der vielgereiste Richard Wagner schwärmte in den höchsten Tönen: »So was hab' ich denn doch noch nicht gesehen wie dieses Genua. Das ist etwas unbeschreiblich Schönes, Großartiges und Eigentümliches. Paris und London schwinden mir zu öden, formlosen Häuser- und Straßenmassen zusammen, gegen diese göttliche Stadt.« Dagegen hatte der Dichter Heinrich Heine zwei Jahrzehnte vorher entsetzt die Nase gerümpft: »Diese Stadt ist alt ohne Altertümlichkeit, eng ohne Traulichkeit und häßlich über alle Maßen.« Welchem Urteil man sich auch anschließt, fest steht: Genua war schon immer Liguriens Tor zur Welt und ist bis heute das wirtschaftliche und kulturelle Herz der Region geblieben. Genua besitzt mehr Museen, mehr Adelspaläste und mehr Kunstschätze als der gesamte restliche Teil der ligurischen Küste.

Hohe Politik

Die palmengesäumte Rivieraküste war zu Beginn des 20. Jahrhunderts zweimal Schauplatz bedeutender diplomatischer Verhandlungen: So trafen sich im April 1920 Vertreter von Großbritannien, Frankreich und Italien, um in San Remo nochmals über den Versailler Vertrag zu konferieren. Eine Revision zugunsten Deutschlands wurde jedoch entschieden abgelehnt. Zwei Jahre später verzichteten Rußland und Deutschland im sogenannten Vertrag von Rapallo gegenseitig auf Kriegsentschädigungen und beschlossen die Wiederaufnahme diplomatischer Beziehungen. Kritiker warfen den beiden Außenministern Rathenau und Tschitscherin politisches Kalkül vor; vielleicht hat aber auch die heitere Rivieraatmosphäre die Verhandlungspartner versöhnlich gestimmt. Verwundern würde es jedenfalls nicht.

LESETIP

Cesare Pavese beschreibt in seinem Roman **Am Strand** (Fischer TB) die Sommerferien von vier jungen Männern und einer Frau an der ligurischen Küste. Trotz scheinbar bedeutungsloser Ereignisse – man badet, flirtet und erholt sich – verläßt jeder von ihnen den Urlaubsort in einem Zustand seelischer Verwirrung. Genua bildet die Kulisse für **Antonio Tabucchis** Roman **Der Rand des Horizonts** (dtv), in dem ein gescheiterter Medizinstudent auf der Suche nach seiner Identität durch die ligurische Metropole streift.

Eine Tagesreise mit dem Auto oder Zug:

Wer südlich des Mains wohnt, ist bei der Anreise in die oberitalienische Region begünstigt.

Mit dem Auto Die meisten deutschsprachigen Reisenden erreichen Ligurien mit dem Auto innerhalb von einem Tag. Je nach Wohnort und Ferienziel bieten sich verschiedene Anreisemöglichkeiten. An den Alpen führt jedoch kein Weg vorbei: Für Österreicher, Bayern und Ostdeutsche empfiehlt sich die Anfahrt über den Brenner, wer hingegen aus West- und Südwestdeutschland kommt, gelangt via Sankt-Gotthard- oder San-Bernardino-Tunnel (mautpflichtig!) erheblich schneller ans Ziel.

Apropos Zeitersparnis: Wer seinen Urlaubsort auf dem schnellsten Weg erreichen und daher langwierige Ortsdurchfahrten umgehen will, muß die **Autobahn** benutzen. Sie ist in Italien mautpflichtig, hinzu kommen die Gebühren für die Autobahnvignetten in der Schweiz (40 sFr) bzw. in Österreich (gestaffelt nach Gültigkeitsdauer). Die **Mautkosten**, die vom Brenner bis Genua anfallen, belaufen sich auf rund 60 DM (einfach). Die VIACARD, eine magnetische Kreditkarte zur Abbuchung der Autobahngebühr, bietet den Benutzern keine Preisvorteile. Sie dient lediglich der schnelleren Abfertigung an den Mautstellen. Wie bei der Telefonkarte werden Restbeträge nicht zurückerstattet.

In Italien beträgt die Höchstgeschwindigkeit auf Landstraßen 90 Kilometer/h, auf Autobahnen je nach Hubraum zwischen 110 und 130 Kilometer/h (über 1100 ccm). Noch zwei Hinweise: In Italien besteht ebenfalls Anschnallpflicht, die Promillegrenze liegt bei 0,8.

Mit dem Zug Der Zug ist in preislicher wie auch in praktischer Hinsicht eine echte Alternative zur Anreise mit dem Auto. Von München aus gelangt man ohne Stau und Streß in rund elf Stunden nach Genua; einzig in Mailand muß man den Zug wechseln. Wer befürchtet, sich tagsüber bei der Anfahrt zu langweilen, dem empfiehlt sich ein Nachtzug mit **Liege-** oder **Schlafwagen**. Die normale Hin- und Rückfahrt mit der Bahn kostet von Süddeutschland aus nach Genua rund 300 DM, wer von Berlin aus anreist, zahlt 438 DM. Von der ligurischen Hauptstadt aus verkehren stündlich Züge in Richtung La Spezia und Ventimiglia. Eine Möglichkeit, um die stundenlange Anfahrt mit dem eigenen PKW zu umgehen, aber dennoch vor Ort mobil zu sein, sind **Autoreisezüge**, die in den Sommermonaten von diversen deutschen Städten nach Alessandria sowie nach Livorno fahren.

Mit dem Flugzeug Nach wie vor die schnellste Möglichkeit, um nach Ligurien zu kommen. Da jedoch keine Charterflugverbindungen zwischen den deutschsprachigen Ländern und Ligurien bestehen, ist man auf teure Linienflüge angewiesen. Sonderkonditionen (zum Beispiel Rail & Fly) beachten! Zielflughafen ist Genua, der Aeroporto Cristoforo Colombo liegt nur wenige Kilometer westlich des Zentrums. Besitzer von Privatmaschinen können zudem auf dem Flughafen von Villanova d'Albenga landen.

Der Lufthansa-Partner **Air Dolomiti** fliegt von München aus mindestens zweimal täglich direkt nach Genua, während die ligurische Hauptstadt mit der **Alitalia** von Deutschland, Österreich und der Schweiz nur über Rom oder Neapel zu erreichen ist. Eine Alternative stellt Mailand dar, von wo aus man mit dem Zug oder dem Expreßbus nach Genua weiterfährt.

Air Dolomiti
Maximiliansplatz 12 a
80333 München
Tel. 0 89/29 09 41 41,
Fax 29 09 41 45
Rückflugbestätigung in Genua:
Tel. 0 10/58 82 82

Mit dem Bus Wer im westlichen Teil Liguriens seine Ferien verbringen will, kann auch ab München jeden Samstag in knapp 10 Stunden für 145 DM (einfach) mit einem klimatisierten Fernreisebus nach Albenga, Imperia oder nach Menton fahren. Man kann auch in Innsbruck zusteigen.

Ettenhuber Busreisen
Frauenstr. 36
80649 München
Tel. 0 89/2 16 33 60,
Fax 21 63 36 50

In der Saison verbinden viele Schiffslinien die Orte der ligurischen Küste mit den Cinque Terre.

Auch ohne Auto läßt sich Ligurien problemlos erkunden. Alle Küstenorte sind bequem mit der Bahn zu erreichen, ins Hinterland fahren Busse.

Auto Die meisten Urlauber bevorzugen das eigene Fahrzeug, bietet es doch ein großes Maß an Unabhängigkeit und erleichtert individuelle Streifzüge. Ligurien verfügt über ein passables Straßennetz; im bergigen Hinterland stößt man allerdings auch auf schmale, teilweise holprige Straßen, zudem verlaufen die Landstraßen größtenteils entlang den Flußtälern in nordsüdlicher Richtung. Im Winter muß man mit schneebedeckten Fahrbahnen rechnen. Wer entlang der Küste auf der berühmten Via Aurelia (S 1) unterwegs ist, braucht aufgrund der zahllosen Ortsdurchfahrten nicht nur einen ganzen Tag Zeit für die rund 300 Kilometer, sondern auch ein gutausgestattetes Nervenkostüm. In der Hochsaison ist die Küstenstraße, abgesehen von der Mittagszeit, fast immer verstopft. Schneller und streßfreier kommt man auf der parallel verlaufenden Autobahn voran. Die kurvige Streckenführung ist mit ihren zahllosen Tunneldurchfahrten allerdings gewöhnungsbedürftig.

Die Versorgung mit bleifreiem Benzin (**senza piombo**) ist flächendeckend gewährleistet. Über die Mittagszeit, nachts sowie an Sonn- und Feiertagen haben jedoch fast alle Tankstellen geschlossen. Benzin erhält man an den automatischen Zapfsäulen, die 10 000-Lire-Geldscheine annehmen – soweit diese nicht allzu sehr zerknittert sind. In größeren Städten wie Savona, La Spezia und vor allem in Genua empfiehlt es sich, das Auto auf einem bewachten Parkplatz abzustellen.

Öffentliche Verkehrsmittel Wie kaum eine andere europäische Ferienregion eignet sich Ligurien für Erkundungen mit der Eisenbahn. Alle wichtigen Küstenorte werden stündlich angefahren! In der Cinque-Terre-Region ist die Bahn dem Auto aufgrund der schlechten Verbindungen sogar deutlich überlegen.

Achtung: Zugtickets müssen vor dem Antritt der Fahrt entwertet werden. Wer ins Hinterland will, ist auf den Bus angewiesen. Alle größeren Städte besitzen einen Busbahnhof (**autostazione**) und ein regionales Busnetz. Die ligurischen Bergdörfer werden jedoch selten häufiger als zweimal täglich vom Linienverkehr bedient, an Sonn- und Feiertagen verkehren so gut wie keine Busse ins Hinterland. Eine Ausnahme bildet Genua mit seinem gutorganisierten städtischen Verkehrssystem, bestehend aus Bussen, Aufzügen und Zahnradbahnen.

Boot Obwohl Ligurien zahlreiche Yachthäfen besitzt, finden Freizeitkapitäne wegen der großen Nachfrage nicht immer leicht einen Ankerplatz. Bootsfahrten entlang der Halbinsel von Portofino oder den Cinque-Terre-Orten sind problemlos möglich, im Küstenabschnitt zwischen Camogli und Portovenere herrscht in den Sommermonaten reger Schiffsverkehr. Von Genua aus werden vor allem in den Sommermonaten auch verschiedene Orte der Riviera angelaufen.

Leihwagen Am Flughafen von Genua sowie in den größeren Städten bieten die internationalen Mietwagenfirmen ihre Dienste an. Für einen Kleinwagen müssen rund 100 DM pro Tag veranschlagt werden. Die Vorlage einer gültigen Kreditkarte ersetzt eine Kaution. Bei manchen Autovermietern ist eine Kreditkarte unbedingt erforderlich, Eurocheques oder Bargeld werden nicht akzeptiert. Wer sich vorab über die jeweiligen Modalitäten informiert, erspart sich spätere zeitraubende Komplikationen.

Fahrräder Italien ist neben Frankreich das klassische Land des Radsports. Besonders die Freunde von Mountainbike-Touren kommen in Ligurien auf ihre Kosten. Das bergige Hinterland mit dem Mountainbike zu erklimmen, ist gewiß nicht jedermanns Sache, wer aber die sportliche Betätigung liebt, findet hier zahlreiche Herausforderungen. Geruhsamer radelt es sich in Meeresnähe; einzig die vielbefahrene Küstenstraße S 1 erweist sich für Fahrradtouren als absolut ungeeignet. Wer sein eigenes Fahrrad zu Hause gelassen hat, kann sich in den meisten Ferienorten einen Drahtesel mieten.

Entfernungen zwischen wichtigen Städten (in km)

	Alassio	Genua	Imperia	La Spezia	Levanto	Portovenere	Rapallo	San Remo	Savona	Ventimiglia	Vernazza
Alassio	–	95	22	205	185	220	127	48	50	65	205
Genua	95	–	120	110	90	124	32	120	46	120	110
Imperia	22	120	–	230	210	244	152	26	73	43	230
La Spezia	205	110	230	–	35	14	82	230	157	230	18
Levanto	185	90	210	35	–	50	55	210	135	210	19
Portovenere	220	124	244	14	50	–	96	245	170	245	32
Rapallo	127	32	152	82	55	96	–	152	78	152	74
San Remo	48	120	26	230	210	245	152	–	100	17	230
Savona	50	46	73	157	135	170	78	100	–	72	155
Ventimiglia	65	120	43	230	210	245	152	17	72	–	230
Vernazza	205	110	230	18	19	32	74	230	155	230	–

Rechtzeitig vorbuchen empfiehlt sich! An Unterkünften herrscht in Ligurien zwar kein Mangel, doch im Juli und August bleibt kaum ein Bett frei.

Hotels Wie überall in Italien sind auch die Hotels in Ligurien in vier mit Sternchen gekennzeichnete Kategorien eingeteilt. Die **Klassifizierung** reicht vom Luxushotel über die anspruchsvolle und gehobene Mittelklasse bis zum durchschnittlichen Zwei-Sterne-Hotel sowie der einfachen, schlichten Unterkunft. Die Sterne beziehen sich nur auf den Komfort, nicht auf die Preise. Dennoch sollte man sich nicht allzusehr von den Sternen leiten lassen, ein niedriger eingestuftes Hotel kann einem höheren durchaus an Sauberkeit, Ausstattung und Flair überlegen sein, es fehlt eventuell nur ein Fernseher im Zimmer. Während man bei einem längeren Aufenthalt in der Nebensaison oft Preisnachlässe bekommt, werden im Juli und August die Zimmer zumeist nur in Verbindung mit Halb- oder Vollpension vermietet. Für ein Zusatzbett dürfen 35 Prozent Aufschlag berechnet werden. Wenn das Frühstück nicht schon im Zimmerpreis enthalten ist, folgen Sie am besten dem Beispiel der Italiener und gehen einfach in die nächste Bar. Das ist nicht nur günstiger, sondern auch authentischer. Hotelnachweise halten die Tourismusämter bereit.

Das Miramare – eines der Luxushotels des mondänen Ferienorts Santa Margherita Ligure (→ S. 65).

Urlaub auf dem Bauernhof Auch in Ligurien befindet sich der **Agriturismo,** die italienische Variante des Urlaubs auf dem Bauernhof, auf dem Vormarsch. Die drei ligurischen Agriturismo-Verbände erstellen zu ihrem Angebot jährlich eine Broschüre (**Guida all'ospitalità ruale in Liguria**), die bei den regionalen Fremdenverkehrsämtern (Ligurien von A bis Z, S. 110) angefordert werden kann.

Ferienwohnungen und -häuser Nicht nur bei Familien sind Ferienwohnungen und -häuser als willkommene Alternative zu Hotels und Pensionen beliebt, ermöglichen sie doch einen freieren Tagesablauf, den Eltern und Kinder gleichermaßen zu schätzen wissen. Die meisten großen Reiseveranstalter haben Ferienwohnungen und -häuser in ihrem Programm. Individuellere Angebote finden sich im Reiseteil der überregionalen Tages- und Wochenzeitungen.

Camping Ligurien verfügt mit mehr als 150 offiziellen Campingplätzen über ein äußerst dichtes Campingnetz, vor allem entlang der Küste; im Hinterland sind die Plätze eher spärlich gesät. Nach ihrem Standard werden die italienischen Campingplätze in vier Kategorien unterteilt. Weitere Informationen erteilt:
Deutscher Camping Club
Mandlstr. 28
80802 München
Tel. 0 89/3 80 14 20, Fax 33 47 37

Hotels sind bei den einzelnen Orten im Kapitel »Sehenswerte Orte und Ausflugsziele« beschrieben.

Preisklassen

Die Preise beziehen sich auf eine Übernachtung im Doppelzimmer ohne Frühstück.
Luxusklasse ab 350 000 Lit.
Obere Preisklasse bis 350 000 Lit.
Mittlere Preisklasse bis 150 000 Lit.
Untere Preisklasse bis 80 000 Lit.

MERIAN-TIP

Residence Ca'de Berna Im Hinterland von Albenga, unweit der Grotte von Toirano, liegt auf einer Höhe von 530 m dies freundlich geführte Haus. Die modern eingerichteten Ferienwohnungen für drei bis sieben Personen verfügen alle entweder über Balkon, Terrasse oder einen Gartenanteil. Zu der Anlage gehören außerdem ein schöner Swimmingpool mit Liegestühlen, Kinderspielplatz sowie ein preiswertes Restaurant, in dem pro Familie ein Kind bis zu sechs Jahren kostenlos schlemmen darf. Strada provinciale 59, 17020 Balestrino, Tel./Fax 01 82/99 19 85; Mai–Anfang Okt. geöffnet; je nach Saison Untere bis Mittlere Preisklasse ■ D 4

Erlesene Zutaten sind charakteristisch für die ligurische Küche. Überzeugte Italienliebhaber schwören, nirgendwo besser als in Ligurien getafelt zu haben.

Ligurien gleicht einem überdimensionalen Kräuter- und Gemüsegarten. Im Frühjahr duftet die Küste an allen Ecken nach Basilikum, das die Basis für das wohl bekannteste Gericht der ligurischen Küche ist. **Pesto**, eine sämige Soße aus feingestampftem Basilikum, Salz, Knoblauch, gehackten Pinienkernen, Parmesankäse und Olivenöl, wird traditionell zu den langen, flachen **trenette**-Nudeln gereicht.

Die Pinienkerne sowie die ebenfalls häufig verwendeten Rosinen und Sardellen sind übrigens ein Indiz dafür, daß die ligurische Küche weit mehr als üblicherweise angenommen von den Sarazenen beeinflußt worden ist. Auch die als **ravioli** bekannten Teigtaschen stammen ursprünglich aus dem Orient, wenngleich sich hartnäckig die Legende hält, ein genuesischer Schiffskoch habe als erster die Idee gehabt, Fleisch- und Gemüsereste kleinzuhacken und sie in Teigtaschen einzurollen. Die Erfindung der berühmten **minestrone** macht den Genuesen allerdings niemand streitig. Aus Gemüse wissen die ligurischen Köche nicht nur diese leckere Suppe zuzubereiten: Tomaten,

Caffè oder Aperitif trinkt man am Tisch oder am Tresen. In den meisten Bars gelten dann unterschiedliche Preise.

Paprika, Zucchini und Auberginen werden mit allen nur erdenklichen Zutaten gefüllt und kommen als **ripieni** auf den Tisch. Beliebt sind auch die Gemüsetorten, allen voran die mehrschichtige **torta pasqualina** (Ostertorte), in der sich Spinat und ganze Eier befinden. In der Herstellung von Nudeln kennen sich die Ligurer ebenfalls vorzüglich aus. Viele Restaurants sind bekannt für ihre ausgezeichnete hausgemachte **pasta** (Teigwaren), die in variantenreichen Formen serviert wird. Es verwundert daher auch nicht, daß am Arcobaleno mehrere große Nudelfabriken beheimatet sind.

Fisch und Fleisch

Alle bedeutenden ligurischen Städte liegen am Meer, und so ist es nur selbstverständlich, daß Fisch und Meeresfrüchte ihren festen Platz auf den Speisekarten haben. Da die Fanggründe des Mittelmeers heute nicht mehr sehr ergiebig sind, wird zwangsweise Atlantikfisch importiert. Das Spektrum der angebotenen Fischgerichte ist daher noch immer sehr vielfältig: Es reicht von Edelfischen, die vorzugsweise gegrillt werden, über Stockfisch (**stoccafisso**) in verschiedensten Variationen bis hin zu den berühmten Sardellen aus Monterosso al Mare. Ein typisches ligurisches Fischgericht ist beispielsweise der als Fastenspeise beliebte **cappon magro**, ein geschichteter Salat aus Gemüse und Meeresfrüchten, der in noblen Restaurants gar von einer Languste gekrönt wird. Eine weitere Delikatesse sind Mies- und Herzmuscheln, die in der Bucht von La Spezia gezüchtet werden.

Im ligurischen Hinterland wird hingegen eine eher bodenständige Küche gepflegt. Traditionell stehen Lamm- sowie Ziegengerichte, aber auch Kaninchen und Huhn auf dem Küchenzettel. Die Zubereitung erfolgt häufig in einem Schmortopf. Wildgerichte bilden die große Ausnahme. Die Region um Pigna ist für ihren Pilzreichtum bekannt, der sich selbstverständlich in den örtlichen Speisekarten niederschlägt. Eine andere Delikatesse, die **trippe in brodo**, eine herzhafte, als Seemannsfrühstück gerühmte Kuttelsuppe, ist sicherlich nicht jedermanns Sache.

Edle ligurische Tropfen

Ligurien ist keine bekannte Weinregion, denn für einen großangelegten Weinbau bietet der schmale Küstenstreifen nicht genug Platz. Aufgrund der quantitativ relativ geringen Ernte werden die ligurischen Weine kaum exportiert: Sie kommen fast ausschließlich in den Restaurants der Region als Hauswein auf den Tisch oder werden in regionalen Supermärkten und Weinhandlungen verkauft. Dennoch haben sich die ligurischen Winzer in Liebhaberkreisen einen ausgezeichneten Ruf erworben.

Der bekannteste ligurische Weißwein ist der **Cinqueterre**; goldgelb in der Farbe und – wie alle ligurischen Weine – ausgesprochen trocken im Geschmack. Berühmt ist der **Sciacchetrà**, ein charaktervoller Rebensaft aus dem Cinque-Terre-Gebiet, der zumeist zu Dessertwein veredelt wird. Wer Rotwein bevorzugt, ist mit einem **Rossese di Dolceacqua** gut beraten. Der rubinrote Wein erhielt 1972 als erster ligurischer Wein das begehrte D.O.C-Siegel, das garantiert, daß dieser Rebensaft nur aus den vorgeschriebenen Traubensorten hergestellt wurde; er paßt dank seiner kräftigen Struktur hervorragend zu Braten und Wildgerichten.

Italienische Eßkultur

Der Gemeinplatz »andere Länder, andere Sitten« charakterisiert wohl am treffendsten die Eßkultur eines Landes. Die italienischen Eßgewohnheiten unterscheiden sich in vielerlei Hinsicht von deutschsprachigen Ländern. Das typische Frühstück (**prima colazione**) fällt spartanisch aus: Ein Espresso oder Cappuccino mit einem gefüllten Hörnchen, das ist genug. Das Mittagessen (**pranzo**) wird recht spät eingenommen: erst ab 13 Uhr füllen sich die Lokale. Gleiches gilt für das Abendessen (**cena**), die italienische Hauptmahlzeit, die selten vor 20 Uhr beginnt. Ob Sie hierzu einem **ristorante**, einer **osteria** oder einer **trattoria** den Vorzug geben, ist relativ nebensächlich, da sich die ehemals deutlichen Unterscheidungsmerkmale stark nivelliert haben.

Die Höflichkeit gebietet, daß der Gast nicht einfach den nächstbesten Tisch ansteuert, sondern sich am Eingang geduldet, bis ihm ein Platz angeboten wird. Eigene Wünsche können selbstverständlich geäußert werden. Erwartet wird, daß Sie sich für ein Menü entscheiden. Dies besteht zumindest aus dem **primo piatto** – meistens ein Nudelgericht – und dem **secondo**

MERIAN-TIP

Gaumenfreuden in einfachen Osterien an der Riviera di Levante In der Altstadt von Chiavari läßt es sich unter den altehrwürdigen Laubengängen königlich und doch preiswert tafeln. Die **Osteria Da Vittorio** (Via Bighetti 33, Tel. 01 85/30 50 93, Do geschl., Untere Preisklasse) ist für ihre erstklassige bodenständige Küche bekannt. Besonders empfehlenswert sind die mit Spinat gefüllten Canelloni al forno und der delikat gewürzte Schwertfisch. Die Gerichte wechseln täglich wie auch in der benachbarten **Osteria Luchin** (Via Bighetti 51, Tel. 01 85/30 10 63, So geschl., Mittlere Preisklasse), deren Tradition gar bis ins Jahr 1903 zurückreicht.

■ H 3

piatto, dem Hauptgang mit Fisch oder Fleisch, zu dem die Beilagen (**contorni**) gesondert bestellt werden. Die Menüfolge kann durch Vorspeisen (**antipasti**), Käse (**formaggio**) und eine süße Nachspeise (**dolce**) erweitert werden. Zum Abschluß trinkt man gern einen kleinen schwarzen Kaffee (**caffè**), der zum Beispiel mit einem Schuß Grappa verfeinert werden kann (**caffè corretta grappa**). Für das Gedeck (**coperto**) wird pro Person ein Fixbetrag berechnet, der unabhängig von der Bestellung zu bezahlen ist.

Wenn man mittags kein Restaurant aufsuchen will oder zwischendurch Appetit verspürt, bietet sich für einen schnellen und preiswerten Imbiß die **tavola calda** an. Eine ligurische Variante des Fast foods ist die **farinata**, eine Art Fladen aus Kichererbsenmehl, sowie **focaccia**, ein salziges Fladenbrot, das mit Tomaten, Zucchini oder Kartoffeln belegt wird. Als kleine Zwischenmahlzeit eignet sich auch die **torta di riso**, eine knusprig gebackene Gemüse- und Reistorte. Lecker sind auch die Blätterteigkuchen (**sfogliate**) mit würzigen sowie süßen Füllungen oder **castagnaccio**, ein mit Rosinen und Pinienkernen gefüllter Kuchen aus Kastanienmehl.

Restaurants sind bei den einzelnen Orten im Kapitel »Sehenswerte Orte und Ausflugsziele« beschrieben.

Preisklassen

Die Preise beziehen sich auf ein Menü mit zwei Gängen und Dessert ohne Getränke, Gedeck und Trinkgeld.
Luxusklasse ab 70 000 Lit.
Obere Preisklasse bis 70 000 Lit.
Mittlere Preisklasse bis 45 000 Lit.
Untere Preisklasse bis 30 000 Lit.

Nudelgerichte gehören auch in Ligurien zu den beliebtesten primi piatti.

Ein Marktbummel sollte fester Bestandteil eines Italienurlaubs sein. Die dabei erstandenen Köstlichkeiten wecken zu Hause Urlaubserinnerungen.

Viele kulinarische Leckereien wie Wein und Salami kann man bequem im Reisegepäck verstauen, aber auch für ein Glas **pesto** und eingelegtes Gemüse muß noch Platz bleiben. An erster Stelle auf Ihrem Einkaufszettel sollte jedoch das ligurische Olivenöl stehen, denn auf seiner Qualität gründet sich das hohe Ansehen der regionalen Küche.

Ligurisches Gold

Das Olivenöl, das in den Flußtälern der italienischen Riviera gewonnen wird, steht in dem Ruf, das beste der Welt zu sein! Als Zentrum der ligurischen Olivenölherstellung gilt Dolcedo, ein kleines Dorf, das acht Kilometer nordwestlich von Imperia liegt. Es ist noch gar nicht so lange her, daß hier der Wert eines Grundstücks einzig an der Zahl seiner Olivenbäume gemessen wurde. Die ligurischen Oliven, die im Vergleich mit griechischen oder spanischen Oliven eher klein und schrumpelig aussehen, zeichnen sich durch einen weitaus höheren Ölgehalt sowie einen sehr niedrigen Säureanteil aus, weswegen das aus ihnen gepreßte Olivenöl sehr mild im Geschmack

Albisola ist für seine Keramiken berühmt. Von Hand werden die Muster aufgemalt.

ist. Qualitativ besonders hochwertig ist das **olio extra vergine,** das »jungfräuliche« Öl mit gelblich-grüner Farbe, das ausschließlich bei der ersten Kaltpressung gewonnen wird. Wer will, kann sich bei den kleineren Produzenten oder auf den regionalen Wochenmärkten mittels Kostprobe von der Qualität des angebotenen Olivenöls überzeugen.

Doch nicht nur in flüssiger Form eignen sich Oliven als willkommenes Mitbringsel. Hervorragend mundet auch die **pasta d'olive**, eine dunkle Paste, die man auf geröstete Brotscheiben streicht. Von ausgezeichneter Qualität sind außerdem die ligurischen **pomodori secchi**, getrocknete Tomaten, die in Olivenöl eingelegt werden.

Märkte

Es ist immer wieder ein besonderes Vergnügen, am Markttag durch eine italienische Stadt zu streifen. Schon früh am Morgen beginnt das geschäftige Treiben an den Ständen. Neben frischem Gemüse, Käse, Wurst oder Fisch werden auch Blumen und Textilien feilgeboten. Wer zeitig kommt, hat die größte Auswahl; wer bis Mittag wartet, hat vielleicht kurz vor dem Standabbau noch die Chance, schnell ein Schnäppchen zu machen.

Traditionell findet in jeder kleineren oder größeren italienischen Stadt zumindest einmal in der Woche ein Markt (**mercato settimanale**) statt, zu dem auch die Einheimischen aus dem Umland anreisen. Manche ligurischen Märkte sind weit über ihre Grenzen hinaus bekannt, so der Blumenmarkt von **San Remo** und der berühmte **Freitagsmarkt von Ventimiglia,** zu dem die Kauf- und Schaulustigen sogar aus Monaco und Nizza herbeiströmen. Liebhaber von alten Möbeln und nostalgischem Krimskrams versäumen es hingegen nicht, die **Antiquitätenmärkte** in Taggia (letztes Wochenende im Monat) und Sarzana (August) zu besuchen. Zeitgenössische Kunst – Gemälde, Graphiken, Skulpturen und diverses Kunsthandwerk – findet man das ganze Jahr über in dem Ruinendorf Bussana Vecchia im Hinterland von San Remo.

Ladenöffnungszeiten

Die Geschäfte sind werktags in der Regel vormittags von 9 bis 13 Uhr und am späten Nachmittag von 16 bis 19.30 Uhr geöffnet. Der Samstag gilt als normaler Werktag. Es handelt sich dabei um keine starr festgelegten Zeiten, fast überall findet sich auch am Sonntag vormittag ein geöffnetes Lebensmittelgeschäft. Noch ein wichtiger Hinweis, der Ihnen viel Ärger ersparen kann: Bewahren Sie bitte den Kassenzettel (**scontrino**) oder die Quittung (**ricevuta**) nach Verlassen des Geschäfts oder Lokals noch eine Weile auf, denn dieser Beleg muß bei Kontrollen der Finanzpolizei auf Verlangen vorgezeigt werden! Wer keine Quittung hat, kann mit einer saftigen Geldstrafe rechnen.

Sandburgen bauen und im Meer planschen ist für Kinder das größte, aber mit der Zeit kann es doch etwas langweilig werden, und dann sind Alternativen gefragt.

Kinder sind oft sehr kritische Urlauber. Nachdem sie ein paar Tage mit Schaufel und Eimer im Sand gebuddelt und nach Muscheln gesucht haben, verlangen sie nach Abwechslung. Ein Abstecher zum Kinderspielplatz oder eine Runde Minigolf sind zwar ganz nett, doch hält die Begeisterung meist nicht allzu lange an. Längere Besichtigungstouren im Auto sind für die Kleinen nicht nur langweilig, sondern auch anstrengend. Besser auf den kindlichen Aktionsdrang zugeschnitten ist eine **Bootsfahrt** entlang der Küste oder zu einer der vorgelagerten Inseln.

Auch wenn ein erfrischender Wind weht, sollten Kleinkinder niemals nackt, ohne Sonnencreme und ohne Kopfbedeckung über einen längeren Zeitraum der ligurischen Sonne ausgesetzt werden.

Wer seinen Nachwuchs für die Geschichte der regionalen Seefahrt begeistern möchte, dem sei ein Besuch des **Museo Storie di Mare e di Avventura** in Genua oder des **Museo Tecnico Navale** in La Spezia empfohlen. Das kindliche Interesse an Seeabenteuern wird mit detailgetreuen Schiffsmodellen, phantasievollen Galionsfiguren und nachgebauten Schiffsunterkünften bestens befriedigt.

Platz zum Spielen finden Kinder in engen Straßen oder auf weiten Stadtplätzen.

Acquario di Genova ■ b 3/c 3, S. 34
Das Interessanteste am Meer sind neben den Badefreuden natürlich die Meeresbewohner. Da man weder vom Boot noch vom Strand aus viele Fische zu Gesicht bekommt, gehört ein Besuch des Aquariums von Genua zum Pflichtprogramm eines Ligurienaufenthalts. Das zum Kolumbusjahr 1992 eröffnete Aquarium hat sich zu einem wahren Publikumsmagneten entwickelt: Mit 1,5 Mio. Besuchern jährlich gehört es zu den drei meistbesuchten Sehenswürdigkeiten Italiens! Das auf einer Mole im alten Hafen errichtete Aquarium – es ist das größte Europas – beherbergt rund 70 große Becken, in denen sich neben den Publikumslieblingen wie Delphinen, Haien, Seehunden und Pinguinen auch kleinere Meeresbewohner wie Nadelfische und Quallen tummeln. In jedem Becken ist ein bestimmter Lebensraum nachgebildet. Besonderer Beliebtheit erfreut sich ein Bassin mit Rochen, die sich bereitwillig streicheln lassen.

TopTen 10

Ponte Spinola
Mo–Fr 9.30–18.30, Sa und So 9.30–20 Uhr, 16. Sept.–31. März Mo geschl.
Eintritt 19 000 Lit., ermäßigt 12 000 Lit.

Grotta di Toirano ■ D 4
Begeisterung löst bei den Sprößlingen auch eine Stippvisite in der geheimnisvollen Unterwelt Liguriens aus. In der wohl schönsten Tropfsteinhöhle der Region, der **Grotta di Toirano**, sind die Knochen mehrerer Höhlenbären zu bewundern. Mehr als 50, teilweise in vorgeschichtlicher Zeit bewohnte Höhlen sind bis dato im Karstgebirge rund um Toirano entdeckt worden. Die beiden schönsten von ihnen, die **Grotta della Básura** und die **Grotta di Santa Lucia**, können im Rahmen einer einstündigen Führung besichtigt werden; beide sind durch einen künstlichen Gang miteinander verbunden. Neben faszinierenden Tropfsteingebilden, imposanten Sälen und kleinen Höhlenseen gelten die zahlreichen prähistorischen Funde als Hauptattraktion: Knochen und Tatzenabdrücke in der Grotta della Básura belegen eindrucksvoll, daß die Grotte Höhlenbären als Zufluchtsort gedient hat; versinterte Fuß-, Hand- und Knieabdrücke aus dem Paläolithikum zeugen zudem von menschlicher Anwesenheit. Mehrere an die Wand geschleuderte Tonkugeln lassen den Schluß zu, daß die Grotta della Básura von den Steinzeitligurern für rituelle Handlungen genutzt worden ist.

TopTen 4

Stichstraße an der Strecke Toirano–Bardineto
Tgl. 9–12 und 14–17 Uhr
Eintritt 12 000 Lit., ermäßigt 8000 Lit.

Panoramaaufzug »Bigo« ■ c 4, S. 34
Der Hafen von Genua läßt sich aus einem ungewöhnlichen Blickwinkel in Augenschein nehmen. Nur 100 Meter vom bekannten Acquario entfernt, kann man mit dem einem Hafenkran nachempfundenen Panoramaaufzug »Bigo« die ligurische Metropole überblicken.

Wanderung zu den Laghetti di Rocchetta Nervina ■ A 5/B 5
Meist sind Kinder und Jugendliche vom Vorschlag einer Wanderung wenig begeistert. Nicht so bei einer Kurzwanderung entlang des Flüßchen Barbaira zu den Laghetti di Rocchetta Nervina, lockt am Ziel doch ein erfrischendes Bad im glasklaren Wasser der felsigen Wannen. Genaue Wegbeschreibung → Routen und Touren, S. 109.

TopTen 9

300 Kilometer Küste stehen vor allem bei Wassersportlern hoch im Kurs, während das bergige Hinterland die besten Voraussetzungen für Aktivurlauber bietet.

Die rund 300 Kilometer lange italienische Riviera ist natürlich in erster Linie das klassische Ziel eines Strandurlaubs. Die Badesaison währt von Ende Mai, wenn die Wassertemperaturen die 20-Grad-Grenze erreichen, bis weit in den Oktober hinein. Sonnenbaden ist selbst noch im November möglich. Die Wassersportangebote sind zahlreich. Neben schwimmen und tauchen kann man segeln, Wasserski fahren oder surfen. Wer sich am Strand eines der bekannteren Küstenorte sonnen will, kommt an den eintrittspflichtigen Badeanstalten (**stabilimenti balneari**) kaum vorbei; nur die wenigsten Strandabschnitte sind frei zugänglich.

Das bergige Hinterland Liguriens stellt eine Herausforderung für jeden passionierten Radfahrer dar. Die zumeist spärlich befahrenen Landstraßen versprechen höchstes Fahrvergnügen, kombiniert mit einem intensiven Naturerlebnis. Im Winter ziehen die bis über 2000 Meter emporragenden Berge vor allem die Skiläufer an. Die Saison geht bis weit ins Frühjahr hinein; wer Gegensätze liebt, wedelt bis zum Nachmittag über die Piste und genießt eine Stunde später Après-Ski unter Palmen...

Die zerklüftete Küste der Riviera di Levante läßt wie bei Paraggi nahe Portofino Raum für schmale Strände.

Angeln

Für das Angeln in Seen und Flüssen benötigt man einen örtlichen Angelschein. Weitere Informationen halten die regionalen Informationsbüros bereit. Das Fischen im Meer ist ohne besondere Einschränkungen gestattet.

Bungee-Jumping

Der aus Australien stammende Trendsport hat mittlerweile auch in Ligurien Fuß gefaßt. Wagemutige können sich von der 120 m hohen Ponte di Loreto kopfüber in die Tiefe stürzen.

Golf

Auf insgesamt fünf Golfplätzen kann man auch im Urlaub dem »grünen Sport« frönen. 18-Loch-Plätze gibt es in Rapallo, San Remo und Garlenda bei Albenga; 9-Loch-Plätze stehen in Marigola bei Lerici sowie Arenzano zur Verfügung.

Tennis

Die Freunde des »weißen Sports« kommen nicht zu kurz: In den Ferienorten, bei den meisten Hotels der gehobenen Mittelklasse sowie komfortablen Campingplätzen stehen Spielmöglichkeiten für Urlauber zur Verfügung.

Wandern

Ligurien ist ein ausgesprochenes Wanderparadies. Ganz gleich ob in Küstennähe wie beispielsweise in den Cinque Terre oder im Hinterland, die überaus reizvolle Landschaft fordert geradezu zu einer Erkundung auf Schusters Rappen heraus. Ein absoluter Höhepunkt für alle Wanderfreaks ist die **Alta Via dei Monti Liguri**, ein gutmarkierter Höhenwanderweg, der in 44 Etappen à 10 km in einem weiten Bogen von Ventimiglia bis nach La Spezia führt.

Club Alpino Italiano
Piazza Palermo 11
16129 Genova
Tel. 0 10/31 05 84

Strände

Alassio ■ D 5
Der feinsandige Stadtstrand ist sehr schön, in der Hochsaison jedoch restlos überfüllt. Achtung: Wer vom Strand ins Zentrum schlendert, muß angemessen bekleidet sein, sonst drohen Geldstrafen!

Bordighera ■ B 6
Langgestreckter, gepflegter Kieselstrand mit öffentlichen Duschen.

Finale Ligure ■ D 4
Gepflegter, sanft abfallender Sandstrand. Für Familien mit Kindern daher gut geeignet.

Laigueglia ■ D 5
Feinsandiger Stadtstrand mit Flair. Wer in die Altstadt will, muß nicht einmal eine Straße überqueren. Manko: fast ausschließlich Badeanstalten.

Marinella di Sarzana ■ L 5
Schöner Sandstrand mit Blick auf die Apuanischen Alpen.

Monterosso al Mare ■ I 4
Dank zwei malerischen Kiesbuchten ist Monterosso al Mare zum beliebtesten Badeort der Cinque Terre avanciert.

Noli ■ E 4
Grobkörniger Sandstrand an einer rund 1 km langen Bucht.

Ursprüngliche Volksfeste kann man in Ligurien noch in großer Zahl erleben. Religiöser Höhepunkt des Jahres ist natürlich auch hier das Osterfest ...

Die Ligurer gelten – im Gegensatz zu den Süditalienern – zwar als verschlossen und zurückhaltend, dennoch haben sie eine außergewöhnlich bunte Festkultur hervorgebracht. Neben den mit Inbrunst begangenen religiösen Festen, wie beispielsweise der Karfreitagsprozession von Savona, gibt es zahllose lokale Veranstaltungen, die sich großer Beliebtheit erfreuen. Die Bandbreite reicht von historischen Schauspielen bis hin zu den von politischen Parteien organisierten Sommerfesten. Während manche Feierlichkeiten auf eine jahrhundertelange Tradition zurückblicken können, sind andere erst in jüngster Zeit von Tourismusexperten ins Leben gerufen worden – was ihrer Attraktivität allerdings keinen Abbruch tut.

In der ligurischen Metropole Genua gibt es ein besonders breites Spektrum an kulturellen und sportlichen Veranstaltungen, über die das Magazin »Genova per voi« im zweimonatlichen Turnus kostenlos informiert. Das Heft liegt in zahlreichen Hotels und Tourismusbüros aus.

Lassen Sie sich keines der traditionellen Fischfeste entgehen! In riesigen Bratpfannen werden köstliche Meeresfrüchte zubereitet.

Februar

Festa dei saraceni

In Taggia gedenkt man am 12. Februar mit einem volkstümlichen Freudenfest der Errettung der Stadt vor den Sarazenen.

Festival della canzone italiana

Die beliebtesten italienischen Schlagersänger treffen sich in San Remo, um in einem mit Spannung erwarteten Wettbewerb den Jahressieger zu ermitteln.

März

Mailand – San Remo

Der internationale Radrennklassiker läutet die Straßensaison der Radrennfahrer ein.

April

Processione del venerdi santo

Die in vielen Orten stattfindenden Karfreitagsprozessionen sind ein inniger Ausdruck der lokalen Volksfrömmigkeit. Unter feierlichen Gesängen tragen die Bruderschaften zentnerschwere Heiligenfiguren durch die Straßen, um das Leiden Christi am eigenen Leib zu erfahren. Als besonders sehenswert gilt die Karfreitagsprozession in Savona, die entlang eines von Kuppelkapellen gesäumten Kreuzwegs verläuft.

Mai

Festa della barca

Das am Pfingstsonntag in Baiardo inszenierte Fest erinnert an ein tragisches Ereignis. Der Legende zufolge soll sich die Tochter des Grafen von Baiardo in einen jungen Kapitän verliebt haben, der der feindlichen pisanischen Flotte diente und in Baiardo Bäume für den Schiffbau fällen wollte. Sie floh mit ihm, wurde aber gefangengenommen und zur Strafe enthauptet. Das Volk von Baiardo erhob sich daraufhin gegen den brutalen Grafen.

Sagra del pesce

Am zweiten Sonntag im Mai wird in Camogli das traditionelle Fischfest gefeiert. In der angeblich größten Bratpfanne der Welt werden am Hafen die fangfrischen Meeresfrüchte gleich zentnerweise fritiert und Einheimischen sowie Gästen kostenlos gereicht.

Juni

Regata dei rioni

Die Vertreter der Genueser Stadtviertel (**rioni**) treffen sich am Ende des Monats zu einem traditionellen Ruderwettkampf.

Juli

Festa della Maddalena

In der zweiten Julihälfte wird in Taggia während des Magdalenenfestes ein auf heidnische Ursprünge zurückzuführender Totentanz aufgeführt.

August

Stella Maris

Am ersten Sonntag im August tukkern festlich geschmückte Fischerboote von Camogli zum Heiligtum der Madonna Stella Maris an der Punta Chiappa, um an einer Messe teilzunehmen.

Torta dei Fieschi

Zur Erinnerung an die glanzvolle Hochzeit des Grafen Opizzo Fieschi mit Bianca dei Bianchi wird in Lavagna am 14. August eine riesige Gemüsetorte öffentlich verteilt und gegessen. Zum Begleitprogramm gehören historische Umzüge und Ritterspiele.

Regata dei rioni

Am zweiten Septemberwochenende messen sich in historischen Kostümen gekleidete Männer und Frauen in einem Ruder- und Geschicklichkeitswettbewerb, um das siegreiche Stadtviertel von Noli zu ermitteln.

»La Superba«, die Stolze, nannte Petrarca die ligurische Metropole, deren Häuser die Hänge emporklettern und sich zum Meer hin wie ein riesiges Amphitheater öffnen.

Genua

■ F2/G2

780 000 Einwohner
Stadtplan → S. 34/35

Die Ouvertüre ist eher enttäuschend: Über mehr als 35 Kilometer hat sich die ligurische Kapitale entlang der Küste ausgebreitet. Wer das historische Zentrum von Genua besichtigen will, muß sich erst durch die Außenbezirke mit ihren grauen Häuserfassaden und wenig einladenden Industriebetrieben quälen. Platz ist seit je knapp: Genua erstreckt sich auf einem unregelmäßigen, zum Meer hin abfallenden Hang. Die Straßen und Gassen sind steil, Treppen, Aufzüge und Zahnradbahnen prägen das Stadtbild, Autofahrer werden über ein ausgeklügeltes System von Brücken und Tunnels durch die Metropole geleitet, ohne allerdings viel von ihr zu Gesicht zu bekommen. Die Altstadt ist für den modernen Verkehr denkbar ungeeignet, selten sind die Gassen mehr als drei Meter breit, weshalb auch die prunkvollen Paläste oft nicht recht zur Geltung kommen. Nichtsdestotrotz besitzt Genua einen der größten und am besten erhaltenen historischen Stadtkerne Europas. Auf wenigen Quadratkilometern drängen sich hier viele kunsthistorisch bedeutsame Bauten.

Metropole des Kapitalismus

Durch den Apennin hart ans Meer gedrängt, verfügt Genua über kein rechtes Hinterland. Die Genuesen machten aus der Not eine Tugend und konzentrierten sich auf den lukrativen Seehandel. Ihren großen Aufstieg zur mittelalterlichen Seemacht erlebte die Stadt im 12. Jahrhundert, als zwei in der Ingenieurkunst versierte Dominikanermönche die offene Hafenbucht militärisch sicherten. Zusammen mit der großen Rivalin Venedig beherrschte Genuas Flotte jahrhundertelang das Mittelmeer. Die mit Geldgeschäften vertrauten genuesischen Kaufleute erwirtschafteten besonders im 16. Jahrhundert durch den Handel mit Gold und Silber große Gewinne und sie gründeten das erste »Geldinstitut« Europas, die berühmte Bank von San Giorgio. Seither tragen die wichtigsten Begriffe des Bankwesens italienische Namen, und an der ligurischen Küste entstand, wie der französische Historiker Fernand Braudel treffend schrieb, die »erste Metropole des Kapitalismus«.

Die großzügig angelegte Piazza della Vittoria wird von einem Triumphbogen dominiert, der sich an antiken Vorbildern orientiert.

Spaziergang

Da viele Besucher vermeiden, mit dem eigenen Fahrzeug nach Genua zu fahren, beginnt der Stadtspaziergang am Hauptbahnhof (**Stazione Principe**). Nur einen Steinwurf weit entfernt steht die vom Templerorden erbaute romanische Kirche **San Giovanni di Prè**.

Die langgestreckte **Via di Prè** mit ihren engen, schmuddeligen Seitengassen, in denen ewige Dämmerung herrscht, ist trotz ihres zweifelhaften Rufes ein stimmungsvoller Auftakt für eine Erkundung der ligurischen Metropole. Sehenswert ist die Eisenwarenhandlung im Haus Nr. 77, die sich in den guterhaltenen Räumlichkeiten eines mittelalterlichen Hospizes befindet. Die Straße endet an der **Porta dei Vacca**, einem noch aus staufischer Zeit stammenden Stadttor.

Über die **Via del Campo** und die **Via San Siro** gelangt man in die **Via Garibaldi**, die berühmte, im 16. Jh. angelegte Prachtstraße Genuas. Hinter strengen Fassaden verbergen sich idyllische, mit Fresken verzierte Innenhöfe, die an der Bergseite liegenden Paläste besitzen zumeist noch ausgedehnte Gartenanlagen. Anstelle des alteingesessenen Adels residieren in den prächtigen Palästen heute größtenteils Bankgesellschaften – darunter auch die größte deutsche Bank. Im imposanten **Palazzo Doria-Tursi** befindet sich das Rathaus, während im **Palazzo Bianco** sowie im **Palazzo Rossi** Gemäldegalerien untergebracht sind. Über die **Piazza delle Fontane Marose** und die **Via XXV Aprile** geht es hinunter zur **Piazza de Ferrari**, dem 1875 angelegten Verkehrsknotenpunkt der Altstadt. Optisch wird der Platz von dem kubusförmigen Bühnenturm des Opernhauses **Teatro Carlo Felice** dominiert, das 1991 nach Plänen des Stararchitekten Aldo Rossi errichtet wurde. Ebenfalls an die Piazza de Ferrari grenzt der **Palazzo Ducale**; der einstige Dogenpalast wurde vor ein paar Jahren aufwendig restauriert und in ein modernes Kommunikationszentrum umgewandelt.

Nach Osten zweigt die Via XX Settembre ab, eine elegante Flaniermeile mit Geschäften, Galerien und Cafés. Die kurze Via Dante führt zum **Haus des Christoph Kolumbus** und der zinnenbekrönten **Porta Soprana**, dem zweiten noch erhaltenen Stadttor aus der Stauferzeit. Weit interessanter als das Haus, in dem Kolumbus seine Kindheit verbracht haben soll, ist der kleine benachbarte romanische Kreuzgang, der noch an das 1909 abgetragene Kloster Sant'Andrea erinnert. Durch die Porta Soprana hindurch gelangt man über die **Via San Bernardo** zur etwas erhöht gelegenen **Piazza Embriaci**, an der sich ein mittelalterliches Kleinod, das Kloster **Santa Maria di Castello**, befindet. Schräg gegenüber ragt der **Torre degli Embriaci** gen Himmel. Der 53 m große Turm ist der einzige Geschlechterturm Genuas, der noch in voller Höhe erhalten ist. Nun ist es Zeit für einen Besuch des **Duomo San Lorenzo**, dessen gotisches Hauptportal von zwei steinernen Löwen bewacht wird.

Durch die **carrugi** genannten Gassen der Altstadt, die stellenweise ein fast süditalienisch-orientalisches Flair ausstrahlen, geht es hinunter zum **Hafen**, der trotz mehrerer Krisen immer noch der nach Marseille zweitgrößte Hafen des Mittelmeers ist. Im Kolumbusjahr 1992 wurde der Hafen enorm aufgepeppt; mit einem Kongreßzentrum, Ausstellungshallen und dem **Acquario di Genova** wurden neue Attraktionen geschaffen. Das historisch bedeutsamste

Gebäude am Hafen ist der als Dogenresidenz errichtete **Palazzo di San Giorgio**, in dem ab 1407 die genuesische Staatsbank **Banco di San Giorgio** ihren Sitz hatte.

Vom Hafen aus führt eine Seitengasse der Via San Luca zur **Galleria Nazionale di Palazzo Spinola**, die ihre Kunstschätze in einem herrschaftlichen Ambiente präsentiert. Zurück zur Via San Luca geht der Weg nun durch die Via San Siro und die Via Cairoli zur Kirche **Santissima Annunziata del Vastato**. Hinter der monumentalen klassizistischen Fassade verbirgt sich ein freskenverziertes, reichausgestattetes Gotteshaus. Die **Via Balbi**, die in nordwestlicher Richtung abzweigt, ist einer der repräsentativen Straßenzüge Genuas, allerdings leiden die barocken Paläste stark unter dem Verkehr. Man passiert den **Palazzo Reale** und gelangt in wenigen Minuten zum Hauptbahnhof zurück.

Die breite Via XX Settembre ist die Hauptstraße Genuas. Hier reihen sich Bars und Geschäfte aneinander.

Hotels/andere Unterkünfte

Cairoli c 2
Familiäre Pension im dritten Stock eines Bürgerhauses. Großes Plus: die sonnige Dachterrasse.
Via Cairoli 14
Tel. 0 10/2 46 15 24, Fax 2 46 75 12
14 Zimmer
Mittlere Preisklasse (AE, DC, EC, Visa)

Metropoli d 3
Best-Western-Hotel in einem alten Stadtpalast. Die bekannte Hotelkette bürgt für hohen Standard und gleichbleibend freundlichen Service. Weitere Vorzüge: reichhaltiges Frühstücksbuffet und die zentrale Lage.
Piazza delle Fontane Marose
Tel. 0 10/2 46 88 88, Fax 2 46 86 86
45 Zimmer
Obere Preisklasse (AE, DC, EC, Visa)

Ostello della Gioventù
Moderne Jugendherberge in der Oberstadt, mit dem Bus Nr. 40 zu erreichen.
Via Costanzi 120
Tel./Fax 0 10/2 42 24 57
213 Betten
Untere Preisklasse

a
b
c
1
2
3
4
5
6
Salita delle Provvidenza
Stazione Principe
Piazza Acquaverde
Piazza Principe
Via Doria
Palazzo Doria o del Principe
S. Giovanni di Prè
Via Alpini d'Italia
Strada
Via Sopraelevata
Via Balbi
Via Rubattino
Via Marina d'Italia
Aeroporto Cr. Colombo
Stazione Marittima
Corso Dogali
Salita Pietraminuta
Piazzale Brignole
V. Pastore
Via Brig de Ferrari
Funicolare
Pal. Reale
SS. Annunziata del Vastato
Piazza della Nunziata
Via Polleri
Largo della Zecca
Via di Antonio Prè
Via d. Fontane
Porta dei Vacca
Via del Campo
Via Gramsci
Cairoli
Via Cairoli
S. Siro
Via S. Siro
Via San Luca
Bacino Porto Vecchio
Gal. Naz. di Pal. Spinola
Ponte Spinola
Acquario di Genova
Piazza Caricamento
Pal. di S. Giorgio
S. Maria delle Vigne
Cant. Squarciafico
Bigo
Via San
Via Canneto
Magazzini del Cotone, Museo Storie di Mare e di Avventura
Molo Vecchio
Mura del Molo
Via del Molo
Via Turati
Piazza Cavour
Via San Bernardo
Torre degli Embriaci
Aldo
S. Maria di Castello
Mura delle Grazie
Corso
Bacino delle Grazie
Spaziergang mit Laufrichtung
Top Ten
Sehenswürdigkeit, öffentl. Gebäude
Kirche
Information
Hotel
Essen und Trinken
Museum
Theater
Markt
Zahnradbahn
Bahnhof
N
Genua

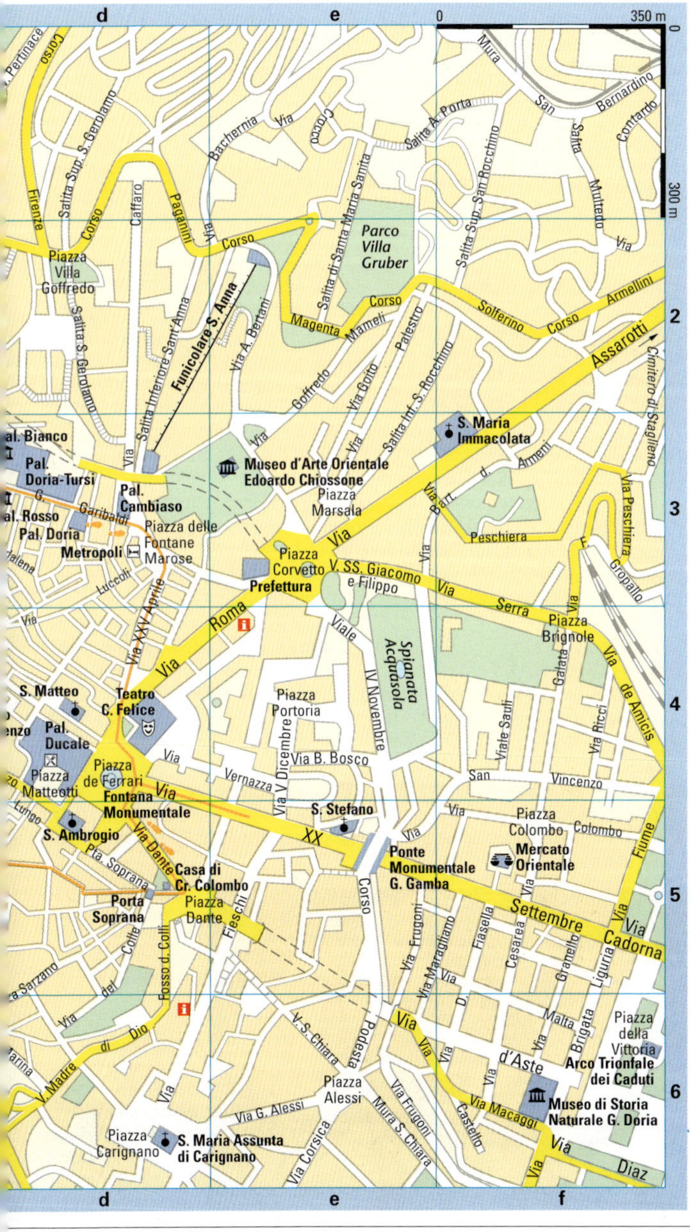
d
e
f
0
350 m
300 m
2
3
4
5
6
Corso Firenze
Pertinace
Salita Sup. S. Gerolamo
Corso Paganini
Caffaro
Via Bachernia
Via Crocco
Salita A. Porta
Mura
San Bernardino
Salita Multedo
Contardo
Via
Salita Sup. San Rocchino
Salita di Santa Maria Sanità
Parco Villa Gruber
Piazza Villa Goffredo
Salita S. Gerolamo
Salita Inferiore Sant'Anna
Funicolare S. Anna
Via A. Bertani
Corso Magenta
Corso Mameli
Palestro
Corso Solferino
Corso Armellini
Via Assarotti
Cimitero di Staglieno
Goffredo
Via Goito
Salita Inf. S. Rocchino
Pal. Bianco
Pal. Doria-Tursi
Pal. Cambiaso
Pal. Rosso
Pal. Doria
G. Garibaldi
Metropoli
Piazza delle Fontane Marose
S. Maria Immacolata
Museo d'Arte Orientale Edoardo Chiossone
Piazza Marsala
Via Bartolomeo d. Armeni
Via Peschiera
Peschiera
Piazza Corvetto
Prefettura
V. SS. Giacomo e Filippo
Via Serra
Gropallo
Lucoli
Via XXV Aprile
Via Roma
Viale IV Novembre
Spianata Acquasola
Piazza Brignole
Galata
Via de Amicis
S. Matteo
Teatro C. Felice
Pal. Ducale
Piazza Matteotti
Piazza de Ferrari
Fontana Monumentale
Piazza Portoria
Via V Dicembre
Via B. Bosco
Via Vernazza
Viale Sauli
Via Ricci
San Vincenzo
S. Ambrogio
Via Dante
Via XX Settembre
S. Stefano
Ponte Monumentale G. Gamba
Piazza Colombo
Colombo
Mercato Orientale
Via Fiume
Pta. Soprana
Casa di Cr. Colombo
Piazza Dante
Porta Soprana
Fieschi
Corso
Via Frugoni
Via Maragliano
Fiasella
Cesarea
Granello
Liguria
Via Cadorna
Colle
Fosso d. Colli
Via del
Sarzano
Via D.
Malta
Brigata
Piazza della Vittoria
Arco Trionfale dei Caduti
Via Madre di Dio
V. S. Chiara
Podestà
Via d'Aste
Museo di Storia Naturale G. Doria
Via Macaggi
Castello
Via Diaz
Piazza Alessi
Via G. Alessi
Via Frugoni
Mura S. Chiara
Piazza Carignano
S. Maria Assunta di Carignano
Via Corsica
Marina

Sehenswertes

Acquario di Genova ■ b 3/c 3
→ S. 25

Cimitero di Staglieno
nordöstlich ■ f 2
3 km nördlich der Stadt, am Hang des Bisagnotals, erstreckt sich der Cimitero di Staglieno, Genuas weltberühmte Stadt der Toten. Die monumentalen Grabdenkmäler des zwischen 1840 und 1878 errichteten Friedhofs faszinieren durch ihre lebensnahe Symbolik, überschreiten jedoch gelegentlich auch die Grenze zwischen Kunst und Kitsch. Die Anlage des Friedhofs spiegelt die soziale Struktur der Stadt wider: Während sich in den Randbereichen die Gräber der Armen drängen, blieben die Galerien um den klassizistischen Zentraltempel dem Adel und dem reichen Bürgertum vorbehalten.
Bus Nr. 34 ab Piazza Principe

Duomo San Lorenzo ■ c 4/d 4
Genuas schönstes und mit einer Länge von über 100 m auch größtes Gotteshaus. Das feingliedrige Portal der Bischofskirche erinnert an nordfranzösische Kathedralen, die dem Baumeister als Vorbild dienten. Die in weißem Marmor und schwarzem Schiefer gehaltene Fassade ist hingegen ein unverkennbares Merkmal der ligurischen Gotteshäuser. Nach einem Brand wurde der Dom im frühen 14. Jh. im gotischen Stil erneuert, die romanischen Säulen im Inneren der Kirche stammen noch von dem Vorgängerbau, während der 200 Jahre später errichtete Glockenturm bereits Renaissanceelemente zeigt.

Besonders prächtig ausgestattet ist die **Capella di San Giovanni Battista** im linken Seitenschiff: Dort ruhen seit 1098 die von genuesischen Kaufleuten aus dem Heiligen Land mitgebrachten Reliquien Johannes des Täufers. Von der benachbarten Cybo-Kapelle gelangt man in das **Museo del Tesoro**. Das Domschatzmuseum (Mo–Sa 9.30–11.45 und 15–17.45 Uhr) beherbergt neben zahlreichen liturgischen Gegenständen und Meßgewändern auch wertvolle Reliquien. Kostbarstes Exponat ist eine orientalische Glasschüssel, die der christlichen Legende zufolge von Jesus beim Abendmahl benutzt worden sein soll; in Wirklichkeit ist die smaragdgrüne Schüssel aber höchstens 1250 Jahre alt.
Piazza San Lorenzo

Palazzo Reale ■ b 2
Die Fassade des größten historischen Stadtpalastes von Genua weist eine

Besucher des Cimitero di Staglieno erhalten einen Überblick über die ligurische Grabmalkunst des 19. und 20. Jahrhunderts.

imposante Breite von 100 m auf. Dahinter verbirgt sich ein seit dem 17. Jh. in mehreren Bauphasen entstandener Komplex, dessen Name daran erinnert, daß die Könige von Savoyen den Palazzo in den 20er Jahren des 19. Jh. kurzzeitig bewohnten. In einem Teil des Palastes ist die **Galleria di Palazzo Reale** (Do 10 Uhr) untergebracht. Gezeigt werden Gemälde von Veronese, Domenico Piola und Jacopo Bassano.
Via Balbi 10

Righi nördlich ■ c 1
Der am nördlichen Stadtrand von Genua gelegene, 302 m hohe Hügel ist mit der Zahnradbahn (**funicolare**) leicht zu erreichen und bietet eine phantastische Aussicht auf die Altstadt und den Hafen. An der 12 km langen Stadtmauer, die im 17. Jh. angelegt wurde, um Genua nach Norden hin abzusichern, kann man entlangwandern.
Abfahrt: Largo della Zecca

Santa Maria di Castello ■ c 5
Die auf dem Castello-Hügel stehende Marienkirche gehört zu den historisch und künstlerisch bedeutsamsten Sakralbauten der Stadt. Wahrscheinlich handelt es sich sogar um die älteste Kirche Genuas, denn sie wurde unter Verwendung römischer Säulen auf einem bereits in spätantiker Zeit befestigten Hügel errichtet. Nach einer kurzen Episode als Pfarrkirche gründete der Dominikanerorden 1442 hier ein Kloster. Die Kirche selbst wurde von den Dominikanern unter anderem durch ein neues Kreuzrippengewölbe den zeitgenössischen Architekturvorstellungen angepaßt. Durch die sich am Ende des rechten Seitenschiffes anschließende Sakristei gelangt man in den benachbarten Klosterkomplex. Eine Treppe führt zur **Loggia dell'Annunciazione**, die sich zu einem von insgesamt vier Kreuzgängen öffnet und vollkommen im Stil der Renaissance ausgemalt ist; herausragend ist das Verkündigungsfresko von Justus von Ravensburg. Von einer weiteren, einen Stock höher gelegenen Loggia hat man einen schönen Blick in Richtung Hafen.
Tgl. 9–12 und 15.30–18 Uhr

Museen

Galleria Nazionale di Palazzo Spinola ■ c 3
Die in einem alten Patrizierpalast untergebrachte Nationalgalerie zeigt Gemälde von Antonello da Messina, Peter Paul Rubens, Joos van Cleve und Anton van Dyck.

Die faszinierende Welt des Meeres und seiner Bewohner rückt im Acquario di Genova zum Greifen nah.

Mindestens genauso sehenswert ist aber die Einrichtung des Palazzos: Das Interieur vermittelt einen hervorragenden Einblick in das Leben des reichen Genueser Adels im Barockzeitalter, die Räume sind mit Wandfresken und Stuck verziert, selbst eine Spiegelgalerie mit goldenem Stuck fehlt nicht. Die begrünte Dachterrasse bietet einen tollen Blick auf die Stadt.
Piazza di Pellicceria 1
Di–Sa 9–19, So 14–22 Uhr
Eintritt 8000 Lit.

Museo Storie di Mare e di Avventura ■ a 4/b 4
Genua verdankte seine Macht und seinen Reichtum in erster Linie seiner stolzen Flotte. Ein Besuch des Seefahrtsmuseums ist daher Pflicht. Direkt am alten Hafen in den **Magazzini del Cotone**, den ehemaligen Baumwollmagazinen, untergebracht, präsentiert das unlängst eröffnete Museum zahlreiche Facetten der christlichen Seefahrt. Das Spektrum reicht vom Thema Schiffbau über die Nachbildung einer Hafengasse des 19. Jh. bis zu den vornehmen Räumlichkeiten eines nostalgischen Luxusliners. Soziale Unterschiede zwischen den Offizieren und einfachen Seeleuten werden an den nachgebauten Unterkünften deutlich. Fazit: alles andere als eine langweilige Ansammlung von Schiffsmodellen.
Tgl. 10.30–17.30, im Winter Di–So 10–18 Uhr
Eintritt 9000 Lit., ermäßigt 6000 Lit.

TopTen 7

Palazzo Bianco ■ d 3
Der im frühen 18. Jh. errichtete Barockpalast beherbergt eine wertvolle Gemäldegalerie, größtenteils bestückt mit Werken aus der Genueser Schule, darunter Sacchi, Piola, Cambiaso, Strozzi und Magnasco. Hinzu kommen noch ligurische Maler, allen voran Ludovico Brea, sowie niederländische Meister wie Peter Paul Rubens und Anton van Dyck.
Via Garibaldi 11
Di, Do, Fr 9–13, Mi, Sa 9–19, So 10–18 Uhr
Eintritt 6000 Lit., ermäßigt 4000 Lit., Kombiticket mit Palazzo Rosso 10 000 Lit.

Palazzo Rosso ■ d 3
Die wohl bedeutendste Gemäldegalerie Genuas befindet sich ebenfalls in einem der stattlichen Adelspaläste der Via Garibaldi, schräg gegenüber dem Palazzo Bianco. Der nach seiner roten Fassade benannte Palast widmet sich den großen europäischen Meistern. Zum Fundus des Museums gehören Werke von Tizian, Veronese, Tintoretto, Caravaggio und Pisanello; herausragend ist Albrecht Dürers »Bildnis eines Jünglings«.
Via Garibaldi 18
Di, Do, Fr 9–13, Mi, Sa 9–19, So 10–18 Uhr
Eintritt 6000 Lit., ermäßigt 4000 Lit., Kombiticket mit Palazzo Bianco 10 000 Lit.

Essen und Trinken

Antica Pasticceria Klainguti ■ d 4
Das 1828 von Schweizern gegründete Traditionscafé ist für seine erlesene Konfiserie bekannt.
Piazza Soziglia 98 r
Tel. 0 10/29 65 02
So geschl.

Cantine Squarciafico ■ c 4
Dieses Restaurant befindet sich gleich hinter dem Dom, mitten im historischen Zentrum in einem ehemaligen Patrizierpalast. Man sitzt an langen Holztischen in einem gemütlichen unterirdischen Gewölbe mit Kapitellen und läßt sich bei-

spielsweise mit **stracci**, einer Art Lasagne, verwöhnen. Keine Reservierungen möglich.
Piazza Invrea 3
Tel. 0 10/2 47 08 23
So geschl., im Sommer nur abends geöffnet
Mittlere Preisklasse (AE, DC, EC, Visa)

Ducale ■ d 4
Gutes Restaurant im zweiten Stock des zum Kommunikationszentrum umgebauten ehemaligen Dogenpalastes.
Piazza Matteotti
Tel. 0 10/58 89 34
Mo geschl.
Mittlere Preisklasse (EC, Visa)

Pintori ■ c 5
Die Trattoria Pintori ist bei Einheimischen bekannt für ihre wohlfeile Küche. Das schlichte, aber stilvolle Ambiente und der freundliche Service vervollständigen den positiven Gesamteindruck.
Via San Bernardo 68 r
Tel. 0 10/2 75 75 07
So und Mo geschl.
Mittlere Preisklasse (Visa)

Einkaufen

Mercato Orientale ■ f 5
Kein orientalischer Markt – dennoch herrscht in Genuas größter Markthalle tgl. außer So viel Trubel.
Piazza Colombo

Am Abend

Teatro Carlo Felice ■ d 4
Genuas neu errichteter Musentempel bietet 2000 Zuschauern einen stilvollen Rahmen für hochklassige Opernaufführungen.
Piazza de Ferrari
Tel. 0 10/5 38 13 04

Service

Auskunft

APT ■ e 4
Via Roma 11
16121 Genova
Tel. 0 10/57 67 91, Fax 58 14 08

Flughafen

Aeroporto Cristoforo Colombo
1610 Sestri Ponente
Tel. 0 10/6 01 54 10

Hafenrundfahrt

Mehrmals tgl. starten Boote in der Nähe des Aquariums zur Hafenrundfahrt.
Fahrzeit ca. 45 Min.

Hauptbahnhof ■ a 1

IAT
Piazza Acquaverde
16100 Genova
Tel. 0 10/2 46 26 33

Öffentliche Verkehrsmittel

Der Art Bus eignet sich hervorragend zur Erkundung Genuas. Die vor allem für Touristen interessante Buslinie hält an insgesamt 23 Stationen, die fast alle in unmittelbarer Nähe der wichtigsten Sehenswürdigkeiten liegen. Die Haltestellen befinden sich unter anderem vor den beiden Bahnhöfen und beim Aquarium. Der Bus verkehrt tgl. von 9–18 Uhr alle 20–25 Min.; das 90-Minuten-Ticket kostet 1500 Lit., eine Tageskarte 5000 Lit. Mit beiden Tickets können auch alle anderen städtischen Verkehrsmittel benutzt werden.

Parken ■ d 5/d 6

Einen gebührenpflichtigen Parkplatz findet man auf der Piazza Carignano oder im Parkhaus am Soprana-Tor beim Kolumbushaus.

»Schönster Hafen der Welt«,

so nannte Napoleon den tief eingeschnittenen Golf von La Spezia, einen der größten und sichersten Naturhäfen des Mittelmeers.

Der Golf von La Spezia und sein Hinterland haben aber auch in touristischer Hinsicht viel zu bieten: Idyllische Küstenstädtchen wie Portovenere und Lerici laden zum Flanieren ein, während die römischen Ruinen von Luni zum Pflichtprogramm der Liebhaber des klassischen Altertums gehören. Die namensgebende Provinzhauptstadt La Spezia besitzt mit dem Museo Civico und dem Museo Amadeo Lia zudem zwei kulturhistorisch interessante Museen.

Häufig wird die von zwei parallel verlaufenden Bergrücken eingeschlossene Bucht als **Golfo dei Poeti** (»Golf der Dichter«) bezeichnet; zu Beginn des 19. Jahrhunderts lebten hier die englischen Dichter Lord Byron und Percy B. Shelley. Shelley, der in der Villa Magni in San Terenzo wohnte, mußte seine Liebe zum Mittelmeer gar mit dem Leben bezahlen: Er kenterte mit seinem Boot und ertrank vor der ligurischen Küste. Rund 100 Jahre später folgte den beiden Romantikern ein ebenfalls berühmter englischer Schriftsteller. D. H. Lawrence, der skandalumwitterte Autor von »Lady Chatterley«, besuchte mehrfach das kleine Tellaro.

Auf einem Felsen vor Portovenere (→ S. 45) wurde die Kirche San Pietro errichtet.

La Spezia

K 4

110 000 Einwohner
Stadtplan → Umschlag Rückseite

La Spezia, die zweitgrößte Stadt Liguriens, ist in erster Linie eine Hafen- und Industriestadt. Bis zur Mitte des 19. Jh. war La Spezia nur ein unbedeutendes Hafenstädtchen, erst als der erste italienische Ministerpräsident Camillo Benso di Cavour den Ort zum Kriegshafen der italienischen Marine ausbauen ließ, begann ein steter Aufstieg. Aus touristischer Sicht ist La Spezia allerdings weniger interessant. Im Stadtzentrum lassen sich kaum historische Bauten ausmachen, da La Spezia durch die Bombardements des Zweiten Weltkriegs heftig in Mitleidenschaft gezogen wurde. Einen Besuch lohnen jedoch das über der Stadt thronende **Castello di San Giorgio**, das **Museo Civico** und das **Museo Amedeo Lia**.

An der von Palmen gesäumten Uferpromenade von La Spezia kann man vergessen, daß die Stadt hauptsächlich eine nüchterne Industriestadt ist.

Spaziergang

La Spezia erkundet man am besten vom Bahnhof aus. Der Via Fiume folgend, gelangt man über die Piazza Garibaldi und die Via del Prione in das lebendige Prione-Viertel, das nur zehn Fußminuten vom Hafen entfernt ist. Ein Besuch des am Weg liegenden **Museo Amedeo Lia** bietet sich dabei an. An der Piazza Beverini steht die ehemalige Kathedrale **Santa Maria Assunta**, hinter deren 1954 errichteten Fassade sich ein spätmittelalterliches Gotteshaus mit barocken Altären verbirgt. Entlang der arkadengesäumten Via Domenico Chiodo und dem Corso Cavour laden mehrere Boutiquen zu einem ausgedehnten Einkaufsbummel ein. Wer sich für die christliche Seefahrt interessiert, dem empfiehlt sich ein Abstecher zum **Museo Tecnico Navale**. Anschließend geht es über die Piazza Cavour und die Viale Garibaldi wieder zurück zum Ausgangspunkt.

Hotels/andere Unterkünfte

Firenze e Continentale b 1
Jüngst renoviertes Hotel in unmittelbarer Bahnhofsnähe mit angenehm stilvollen Räumlichkeiten.
Via Paleocapa 7
Tel. 01 87/71 32 10, Fax 71 49 30
66 Zimmer
Obere Preisklasse (AE, EC, Visa)

Genova b 2
Zentral im Prione-Viertel bei den Markthallen gelegen.
Via F.lli Rosselli 84
Tel. 01 87/73 29 72, Fax 73 29 23
31 Zimmer
Mittlere Preisklasse (AE, DC, EC, Visa)

Sehenswertes

Castello di San Giorgio c 2
Die hoch über der Stadt errichtete Burg wurde in der Mitte des 13. Jh. auf Betreiben von Niccolò dei Fieschi errichtet, doch bereits 1273 von den Truppen der Republik Genua zerstört und anschließend wieder aufgebaut. Um den Ansprüchen der modernen Festungsbaukunst gerecht zu werden, erfolgte zu Beginn des 17. Jh. ein vollständiger Umbau mit keilförmigen Bastionen und Kasematten.

Museen

Museo Amedeo Lia b 2
Das aus einer privaten Stiftung hervorgegangene Museum wurde erst unlängst (1996) eröffnet. In den Räumen eines ehemaligen Klosters werden, von sakraler Musik untermalt, wertvolle Handschriften, Skulpturen, Tafelbilder und Gemälde in ansprechender Weise präsentiert.
Via del Prione 234
Di–So 10–18 Uhr
Eintritt 12 000 Lit., ermäßigt 8000 Lit.

Museo Civico a 2/b 2
Im Städtischen Museum wurden zahlreiche archäologische und ethnographische Exponate zusammengetragen. Berühmt sind vor allem die frühgeschichtlichen Statuenstelen aus der Lunigiana; diese aus Sandstein gearbeitenden Skulpturen dienten wahrscheinlich einst als Grenzmarkierungen.
Via Curtatone 9
Di–Sa 8.30–13 und 14–19,
So 8–13 Uhr
Eintritt 6000 Lit., ermäßigt 3000 Lit.

Museo Tecnico Navale c 3
Das im Marinearsenal untergebrachte Schiffahrtsmuseum besitzt eine umfangreiche Sammlung von Schiffsmodellen, Ankern, Navigationsgeräten, Seekarten und skurrilen Galionsfiguren.
Piazza D. Chiodo
Mo–Sa 14–18, Mi, Do, Sa auch 9–12 Uhr
Eintritt 2000 Lit.

Essen und Trinken

Sevieri b 2
In unmittelbarer Nähe der Markthallen gelegen, bietet das traditionsreiche Restaurant eine leichte sommerliche Küche. Daß Wert auf frische Zutaten gelegt wird, versteht sich fast von selbst. Ausgezeichnet schmecken die schwarzen Nudeln (**taglioni neri**) mit Scampis und grünen Spargelköpfen. Man sitzt entweder in den stilvollen Räumlichkeiten oder auf der schattigen Straßenterrasse. Zu loben ist auch der freundliche, zuvorkommende Service.
Via F.lli Roselli 58
Tel. 01 87/73 35 70
So abend und Mo geschl.
Mittlere Preisklasse (AE, DC, EC, Visa)

Einkaufen

Freitags findet entlang der Viale Garibaldi ein bunter Wochenmarkt statt, Gemüse, Obst und Fisch kauft man werktags in den offenen Markthallen auf der Piazza Cavour.

Service

Auskunft ■ c 2/d 2

APT
Viale Mazzini 47
19100 La Spezia
Tel. 01 87/77 09 00, Fax 77 09 08
www.Laspezianet.it

Bootsausflüge
Vom Hafen von La Spezia aus verkehren mehrmals tgl. Schiffe nach Portovenere, Isola Palmeria und einmal tgl. zu den Cinque Terre.

Ziele in der Umgebung

Lerici ■ K 4

12 000 Einwohner

Lerici ist zusammen mit Portovenere der beliebteste Ferienort am Golfo della Spezia. Eine malerische Altstadt, beherrscht von einem mächtigen Kastell, sowie ein Sporthafen und ein feinsandiger, sich bis nach San Terenzo erstreckender Strand sind die touristischen Aktivposten des lebhaften Küstenortes. Die markante, auf einem Felssporn klebende Burganlage war ursprünglich von den Pisanern errichtet worden, doch die Genuesen eroberten Lerici und bauten das Kastell in der zweiten Hälfte des 13. Jh. verändert wieder auf. Im Zuge des Umbaus entstand auch die im gotischen Stil errichtete Burgkapelle Sant'Anastasio. Eine Besichtigung des Kastells und des dort untergebrachten Museums ist wegen laufender Restaurierungsarbeiten derzeit allerdings nicht möglich.

Lohnend ist eine Fahrt auf der Panoramastraße von Lerici über Montemarcello nach **Ameglia**. Die

Wie in Lerici kann man in den meisten Ferienorten die Ausrüstung für Wassersportarten mieten.

phantastische Aussicht reicht anfangs über die Bucht von La Spezia bis hinüber nach Portovenere; von Ameglia, einem pittoresken mittelalterlichen Bergdorf, kann man über das gesamte Magratal bis zu den weißschillernden Gipfeln der Apuanischen Alpen blicken, wo der berühmte Carrarer Marmor gebrochen wird, den auch Michelangelo für seine schönsten Skulpturen verwendete.

Hotel

Shelley & Delle Palme
Modernes, komfortables Hotel direkt an der Strandpromenade. Gutes Restaurant.
Via Biaggini 5
Tel. 01 87/96 82 04, Fax 96 42 71
51 Zimmer
Mittlere Preisklasse (EC, Visa)

Essen und Trinken

Due Corone
Exklusive Küche zu Füßen des Castello. Ein Tip: Seebarsch mit Steinpilzen (**branzino con funghi porcini**).
Via Vespucci 1
Tel. 01 87/96 74 17
Do geschl.
Obere Preisklasse (AE, DC, EC, Visa)

Service

Auskunft

IAT
Via Biaggini 6
19032 Lerici
Tel. 01 87/96 73 46

Bootsausflüge
Mehrmals tgl. fahren Boote nach Portovenere, mindestens einmal tgl. zu den Cinque Terre.

Luni

L4/L5

Die Ruinen von Luni, einer einst bedeutenden römischen Hafenstadt, markieren die östliche Grenze Liguriens. Das 177 v. Chr. von dem Prokonsul Claudius Marcellus gegründete Städtchen profitierte vor allem von den nahen Marmorbrüchen, da der begehrte Carrarer Marmor von Luni aus in die gesamte römische Welt verschifft wurde. Der weitläufige Grundriß und die Grundmauern repräsentativer Wohnbauten erinnern noch an den einstigen Wohlstand, in dem sich die Stadt auch nach dem Ende des Römischen Reiches zu sonnen wußte. Im Mittelalter verlandete der Hafen allmählich – Luni liegt heute mehr als 2 km von der Küste entfernt! –, woraufhin die Stadt zunehmend an Bedeutung verlor. Durch das Versumpfen der Magramündung mehrten sich außerdem die Malariaerkrankungen, so daß Innozenz III. 1204 den Bischofssitz in das nahe Sarzana verlegte. Das einst so stolze Luni verwandelte sich danach innerhalb kürzester Zeit in eine Geisterstadt und verfiel.

Erst 1837 begannen die ersten Ausgrabungen der römischen Stadt. Heute ist ein großer Teil des antiken Luni freigelegt. Besonders sehenswert ist das vor den Toren der Stadt gelegene Amphitheater, ein ovaler Bruchsteinbau, der einst 6000 Zuschauer faßte. Die bei Ausgrabungen gemachten Funde (Münzen, Altäre, Keramik, Schmuck etc.) sind in dem auf dem Gelände errichteten **Museo Archeologico Nazionale** ausgestellt (tgl. außer Mo 9–19 Uhr; Eintritt 4000 Lit.).

Portovenere ■ K 5

4700 Einwohner

Der von den Römern gegründete Hafenort »Veneris Portus« liegt auf einer weit vorspringenden Halbinsel, die den Golf von La Spezia nach Westen hin abschließt. Aufgrund der exponierten Lage eignete sich der Ort hervorragend, um den Seehandel im Golf von La Spezia zu kontrollieren. Dies erkannten auch die Genueser, die Portovenere im 12. Jh. in ihren Besitz brachten: Die Stadt diente ihnen jahrhundertelang als östlicher Vorposten ihrer Macht.

Die malerische Altstadt ist weitgehend verkehrsfrei, aufgrund der Besucherscharen sind im Hochsommer allerdings Parkplatzprobleme vorprogrammiert. Der Hafenkai wird von schmalen, bis zu siebenstöckigen Häusern mit bunten Fassaden gesäumt, dahinter ziehen sich die Häuser bis zu einer genuesischen Festungsanlage empor. Durch ein turmflankiertes Stadttor gelangt man in die **Via Capellini**, die von gotischen Häusern gesäumt wird und quer durch die Altstadt von Portovenere bis zur Kirche **San Pietro** führt.

Hotels

Belvedere
Wie der Name erahnen läßt, mit Panoramablick auf den Hafen.
Via G. Garibaldi 26
Tel. 01 87/79 06 08, Fax 79 14 69
18 Zimmer
Obere Preisklasse (AE, EC, Visa)

Della Baia
Reizender Hafenpalazzo im Fischerdorf Le Grazie.
Via Lungomare 111
Tel. 01 87/79 07 97, Fax 79 00 34
34 Zimmer
Mittlere/Obere Preisklasse (Visa)

Genio
In einem mittelalterlichen Wachturm befindet sich der Eingang.
Piazza Basteri 8
Tel. 01 87/90 06 11
7 Zimmer
Mittlere Preisklasse (EC, Visa)

Die buntgetünchten Häuser des Hafens von Portovenere werden von einer mächtigen Festung (16./17. Jh.) überragt.

Sehenswertes

Castello
Zur Sicherung von Portovenere errichteten die Genuesen über dem Ortskern eine mächtige Burganlage, die 1453 zerstört und später den Anforderungen des modernen Festungsbauwesens gemäß verändert wurde. Unter Napoleon wurden in den alten Gemäuern politische Gefangene inhaftiert, heute werden die Räumlichkeiten häufig für Wechselausstellungen genutzt. Schöner Panoramablick!
Tgl. 10.30–13.30 und 15–18.30 Uhr

San Lorenzo
Die direkt unterhalb des Castellos gelegene romanische Säulenbasilika stammt aus dem frühen 12. Jh. Spätere Brand- und Kriegsschäden wurden im jeweils zeitgenössischen Stil ergänzt, Teile der Fassade und das Hauptportal stammen daher aus der Gotik, die Kuppel und der Glockenturm sind im Renaissancestil errichtet.

San Pietro
Die malerisch auf einem Felsvorsprung gelegene Kirche wurde im 6. Jh. auf den Grundmauern eines römischen Venustempels errichtet. Das heute noch erhaltene Gotteshaus mit seiner auffallenden schwarz-weißen Fassade stammt allerdings weitgehend aus gotischer Zeit. Der Kirchenraum ist annähernd quadratisch und verströmt eine weltentrückte Atmosphäre. Die Terrasse vor der Kirche bietet einen phantastischen Blick hinunter auf das Meer, die Brandung klatscht gegen den steil abfallenden Felsen, und kreischende Möwen suchen nach Beute.

Essen und Trinken

Antica Osteria del Carugio
Leckere ligurische Fischküche in zünftigem Ambiente.
Via Capellini 66
Tel. 01 87/79 06 17
Do geschl.
Untere bis Mittlere Preisklasse

Da Iseo
Mit Blick auf den Hafen werden ausgesuchte Gaumenfreuden serviert. Ein Leckerbissen sind die gegrillten Fische.
Calata Doria 9
Tel. 01 87/79 06 10
Jan. und Feb. sowie Mi geschlossen
Obere Preisklasse (AE, DC)

Taverna del Corsro
Das am Ende des Hafenkais gelegene Restaurant von Pasquale Maietta gehört zu den besten Adressen zwischen Genua und La Spezia. Ausgezeichnete Fischküche, vorzügliches Weinangebot.
Calata Doria 102
Tel. 01 87/79 06 22
Di geschl.
Obere Preisklasse (AE, DC, EC, Visa)

Service

Auskunft

IAT
Piazza Bastreri 7
19025 Portovenere
Tel. 01 87/70 96 91, Fax 79 02 15

Verbindungen
Ausflugsboote fahren in der Saison regelmäßig die vorgelagerte Insel Palmaria sowie La Spezia, Lerici und die Cinque-Terre-Orte an. Zudem besteht ein regelmäßiger Busverkehr mit La Spezia.

Sarzana ■ K 4/L 4

20 000 Einwohner

Sarzana wurde im 10. Jh. zum Schutz vor den wiederholten Überfällen der Sarazenen – daher auch der Ortsname – im sicheren Landesinneren gegründet. Die fruchtbare Magraebene versorgte die Bevölkerung mit Obst und Gemüse. Doch erst ab 1204, als Sarzana anstelle von Luni zum Bischofssitz erhoben wurde, entwickelte sich die Stadt zu einem wichtigen regionalen Handelszentrum an der Grenze zwischen Ligurien und der Toskana. Die Nähe zur Toskana hat sich auch in der Architektur niedergeschlagen. So wurde nicht nur häufig Carrarer Marmor als Baumaterial verwendet, auch stammt beispielsweise ein großer Teil der Ausstattung des **Duomo di Santa Maria Assunta** von toskanischen Künstlern. Als Hauptflaniermeile dient die langgestreckte **Viale Mazzini**, an der die wichtigsten Sehenswürdigkeiten liegen. Ruhe und Entspannung findet man auf der begrünten **Piazza Matteotti**, die von mittelalterlichen Laubengängen eingerahmt wird.

Sehenswertes

Castello di Sarzanello
Das hoch über Sarzana thronende Kastell erhielt seine heutige Form Ende des 15. Jh. durch Florentiner Militärarchitekten. Die mächtige Burganlage mit zinnenbekrönten Mauern und zylindrischen Ecktürmen ist umgeben von einem Trockengraben. Ungewöhnlich ist der rautenförmige Grundriß der Anlage, die durch einen Zwischengraben nochmals in eine dreieckige Hauptburg und eine vorgelagerte Bastion, ein sogenannter Ravelin, getrennt wird.

Tellaro ■ K 5

800 Einwohner

Eine Stichstraße führt von Lerici zum 4 km entfernten Tellaro, einem kleinen herausgeputzten Fischerdorf mit viel Atmosphäre. Die schmalen Treppengassen schlängeln sich von der Piazza zu einem Minihafen hinunter; ein auf einem Felsen direkt am Meer stehendes Kirchlein vervollständigt die Postkartenidylle. Da viele Häuser des Ortes nur als Feriendomizile dienen, ist außerhalb der Saison mit wenig Besuchern zu rechnen.

Zum Baden bietet sich das 1 km weiter westlich gelegene **Fiascherino** an. Vom Ortskern aus führt ein öffentlicher Weg zu einer kleinen Bucht mit schönem Sandstrand.

Vezzano ■ K 4

6500 Einwohner

Das hoch über der Magraebene gelegene Vezzano wird von Touristen kaum besucht, was sicherlich daran liegt, daß es nur in den wenigsten Reiseführern zu finden ist. Eigentlich unverständlich, denn Vezzano ist ein pittoreskes Städtchen und strahlt mit seinen verschachtelten Treppengassen noch viel mittelalterliche Atmosphäre aus. Genaugenommen besteht Vezzano aus zwei getrennten Ortsteilen: **Vezzano Inferiore** und dem etwas höher gelegenen **Vezzano Superiore**. Daher gibt es auch zwei Pfarrkirchen, die beide im Barockstil errichtet worden sind. Besonders lauschig ist die **Piazza Castello** in Vezzano Inferiore; von hier aus kann man den Blick weit bis nach Sarzana und hinüber zu den Apuanischen Alpen schweifen lassen.

Fünf traumhafte Dörfer mit engen Gassen, die zwischen dem Meer und einer üppig grünen Terrassenlandschaft kaum Platz finden – das sind die Cinque Terre.

Karte → S. 105

Mit ihren bunten Fischerbooten, den dicht gestaffelten Häusern, Torbögen und steilen Treppenwegen erscheinen Riomaggiore, Manarola, Corniglia, Vernazza und Monterosso al Mare wie fünf Dörfer aus dem Bilderbuch. So nimmt es nicht wunder, daß die Cinque Terre wegen ihrer einzigartigen landschaftlichen Schönheit seit mehr als zwei Jahrzehnten zum Pflichtprogramm eines Ligurienaufenthaltes gehören. Im Hochsommer empfiehlt es sich jedoch fast, auf einen Cinque-Terre-Abstecher zu verzichten, da sich der nur wenige Kilometer lange Küstenabschnitt dann vollkommen in touristischer Hand befindet, die Wanderwege und Strände sind übervölkert, die Hotels bis auf das letzte Bett ausgebucht. Eine ideale Reisezeit sind das Frühjahr und der Herbst, wer allerdings Einsamkeit und Ruhe sucht, muß mit den Wintermonaten vorlieb nehmen.

Beschwerliche Landwirtschaft

Genau besehen handelt es sich bei den Cinque Terre um eine künstliche Landschaft: In einer Jahrhunderte währenden Kraftanstrengung wurden die steilen Hänge in Terrassenfelder verwandelt und Erde herangekarrt, damit Olivenbäume und Weinreben Halt finden können. Der aus den sonnenverwöhnten Reben gekelterte Weißwein wurde schon von Boccaccio und Petrarca gerühmt und im Spätmittelalter nach England exportiert. Dennoch waren die Cinque Terre stets ein armer Landstrich, die Häfen sind zu klein, um sich intensiv dem Handel und Fischfang zu widmen, das Bestellen der steilen Terrassenfelder zu mühsam, um mit der Landwirtschaft Gewinne zu erzielen. Als die bis dato nur mit dem Schiff oder auf Saumpfaden erreichbaren Dörfer Ende des letzten Jahrhunderts an das Eisenbahnnetz angeschlossen wurden, entvölkerten sich die Cinque Terre zunehmend, die Bauern suchten in La Spezia Arbeit, Felder lagen brach. Noch vor ein paar Jahrzehnten waren zahlreiche Terrassen eingebrochen. Erst als der Staat den Weinbau subventionierte, um diese einzigartige Kulturlandschaft zu erhalten, konnte dem endgültigen Verfall Einhalt geboten werden.

Mit ungeheurem Arbeitsaufwand haben die Bewohner der Cinque Terre die Steilküste urbar gemacht.

Besiedlung der Küste

Ursprünglich siedelten die Bewohner der Cinque Terre aus Angst vor Sarazenenüberfällen nicht direkt am Meer, sondern in den leichter zu verteidigenden Bergen. Als keine Sarazenenübergriffe mehr zu befürchten waren, entstanden die heutigen Dörfer an der Küste. Die einstigen, durch den Wegzug nicht mehr benötigten Dorfkirchen verwandelte man kurzerhand in Wallfahrtskirchen. Jedes der fünf Cinque-Terre-Dörfer verfügt seither über ein hoch über dem Meer gelegenes Wallfahrtsziel, zu dem lohnende, aber anstrengende Aufstiege führen. Zu Riomaggiore gehört die Kirche Madonna di Montenero, zu Manarola Nostra Signora della Salute, zu Corniglia Nostra Signora delle Grazie, zu Vernazza Nostra Signora di Reggio und zu Monterosso al Mare die 465 Meter hoch gelegene Madonna di Soviore.

Die Übernachtungskapazitäten in den Cinque Terre sind sehr begrenzt und liegen daher preislich über dem italienischen Durchschnitt. Da es nur wenige Hotels und Pensionen gibt, muß man entweder rechtzeitig reservieren oder auf benachbarte Orte, wie beispielsweise Levanto, ausweichen. Wer nicht gerade in der Hochsaison kommt, kann in einer Bar oder einem Restaurant nach Privatzimmern fragen, die in allen fünf Orten vermietet werden. Achtung: Es gibt keine Campingplätze, wildes Zelten ist verboten.

Auf dem knappen Raum, den die Bewohner von Manarola den schroffen Felsen abgerungen haben, drängen sich die Häuser.

Verbindungen

Die an der Cinque-Terre-Küste entlangschippernden Ausflugsboote stellen nicht nur eine attraktive Alternative zur Eisenbahn dar, in gewisser Hinsicht rundet eine Bootstour einen Cinque-Terre-Aufenthalt erst ab. Die Fahrt dauert zwar länger als mit dem Zug, dafür bieten sich vom Schiff aus grandiose Ausblicke auf die Küste und die Weinterrassen. In den Sommermonaten verkehren die Boote bis zu fünfmal täglich zwischen Monterosso al Mare und Portovenere.

Corniglia

■ K 4

750 Einwohner

Corniglia unterscheidet sich von den übrigen Dörfern der Cinque Terre allein durch seine Lage: Es hat keinen direkten Zugang zum Meer, sondern erstreckt sich auf einem wuchtigen Felsvorsprung in rund 100 m Höhe über dem Meer. Vom Bahnhof aus windet sich eine nicht enden wollende Treppe in Serpentinen zum Ortskern hinauf. Eine langgezogene Hauptgasse, die **Via Fieschi**, durchquert den ganzen Ort und endet als Panoramaterrasse mit phantastischem Meerblick. Besonders einladend präsentiert sich der kleine Dorfplatz, auf dem spätabends nur noch die Einheimischen und einige wenige Übernachtungsgäste – in Corniglia gibt es kein Hotel, nur Privatzimmer! – zusammensitzen. Insgesamt erinnert die Atmosphäre mehr an ein Bauern- als an ein Fischerdorf. Von kunsthistorischem Interesse ist nur die am Ortseingang stehende gotische Pfarrkirche **San Pietro** aufgrund ihrer eleganten Streifenfassade mit Fensterrose aus Carrarer Marmor.

Essen und Trinken

Cantina de Mananan
Stimmungsvolle Osteria in einem kleinen Palazzo. Einfache Tische vor offenem Mauerwerk, die Küche zeigt sich bodenständig, vor allem im Winter steht die ländliche Kost im Vordergrund.
Via Fieschi 117
Tel. 01 87/82 11 66
Di geschl.
Mittlere Preisklasse

La Lanterna
An der einladenden Terrasse auf dem Dorfplatz kommt man nur schwer vorbei.
Via Fieschi 117
Tel. 01 87/81 22 91
Mittlere Preisklasse

Service

Baden
Corniglia besitzt zwei Strände: Unterhalb des Ortes beim Bahnhof erstreckt sich neben den Gleisen der Spiaggione di Corniglia und westlich des Ortes die Spiaggia di Guvano, eine wenig besuchte Kiesbucht.

MERIAN-TIP

Sightseeing mit der Eisenbahn Zwar sind die Cinque Terre seit mehreren Jahren an das italienische Straßennetz angebunden, dennoch ist das eigene Auto für eine Besichtigung der fünf Dörfer denkbar ungeeignet. Im Sommer ist es so gut wie unmöglich, einen Parkplatz zu ergattern, zudem übersteigt der Preis für einen gebührenpflichtigen Stellplatz in Monterosso al Mare oder im Parkhaus von Riomaggiore die Kosten einer Zugfahrt von Levanto aus um ein Vielfaches. Da alle fünf Dörfer einen eigenen Bahnhof besitzen, empfiehlt sich für eine Erkundung der Cinque Terre die häufig verkehrende Eisenbahn. ■ I 4/K 4

Manarola ■ K4

800 Einwohner

In Manarola, das verwaltungstechnisch zu Riomaggiore gehört, stapeln sich die bunten, mehrstöckigen Fischerhäuser auf zwei Felsenklippen bis hinunter zum Meer. Noch vor wenigen Jahrzehnten wurden die beiden Ortshälften von dem Flüßchen Groppo geteilt, erst dann wurde das Flußbett abgedeckt und die elf Brücken durch die heutige Hauptstraße ersetzt. Die verwinkelten Treppengäßchen, die zu den verschachtelten Häusern führen, erweisen sich als kunstvolles Labyrinth, das entdeckt werden will. Für eine Piazza hingegen blieb nicht genug Raum, eine moderne Betonplattform über dem Meer schafft einen gewissen Ersatz. Einen richtigen Hafen hat die Natur in Manarola ebenfalls nicht vorgesehen, so daß die Boote mittels Winden und Rampen ins Wasser gelassen werden müssen.

Hotel

Ca' d'Andrean
Modernes, freundliches Hotel, oberhalb des Ortskerns. Im Sommer kann man im Garten unter Zitronenbäumen frühstücken.
Via A. Discolovo 101
Tel. 01 87/92 00 40, Fax 92 04 52
10 Zimmer
Mittlere Preisklasse

Sehenswertes

San Lorenzo
Die Pfarrkirche von Manarola mit ihrem auffälligen freistehenden Glockenturm – ein ehemaliger Wachturm – stammt aus dem 14. Jh. Der Schaufassade dient eine Marmorrosette und ein gotisches Spitzbogenportal als Blickfang.

Essen und Trinken

Marina Piccola
Beliebtes Fischrestaurant.
Via A. Discolovo 202
Tel. 01 87/92 01 03
Do geschl.
Obere Preisklasse (AE, DC, EC, Visa)

Wer auf der Terrasse des Marina Piccola speist, genießt den Blick auf den Hafen von Manarola.

Monterosso al Mare

1750 Einwohner ■ I4

Monterosso al Mare, der größte Ort der Cinque Terre, ist weitläufiger als die benachbarten Dörfer. Verteilt auf zwei Buchten und zwei Ortsteile strahlt es daher zwar nicht den typischen Charme eines Cinque-Terre-Dorfes aus, dennoch besitzt Monterosso al Mare ohne Frage seine Vorzüge. Für einen längeren Aufenthalt empfiehlt sich der Ort beispielsweise wegen seines großen Unterkunftsangebots und der zwei schönen Strände, die in der Saison allerdings fest in der Hand von **stabilimenti balneari** sind. Die langgestreckte Uferpromenade bietet zudem Gelegenheit zu einem ausgedehnten Abendspaziergang. Die Altstadt, die durch die Eisenbahntrasse vom Meer getrennt ist, gefällt mit ihren bunten arkadengesäumten Häusern und der großen Piazza, an die die **Loggia del Podestà** und die Pfarrkirche **San Giovanni Battista** grenzen. Westlich des alten Dorfes, neben dem Bahnhof, entstand vor 100 Jahren die Villensiedlung **Fegina**, mit deren Bau die touristische Entdeckung der Cinque Terre ihren Anfang nahm. Kein Geringerer als der Literaturnobelpreisträger Eugenio Montale hat in Fegina einen großen Teil seiner Jugend verbracht.

Hotels

Jolie Hotel
Komfortables Altstadthotel mit herrlichem Garten.
Via Gioberti 1
Tel. 01 87/81 75 39, Fax 81 72 73
31 Zimmer
Obere Preisklasse (AE, DC, EC, Visa)

Meuble Agavi
Im Ortsteil Fegina, direkt an der Uferpromenade. Kleine, aber freundliche Zimmer.
Lungomare Fegina 30
Tel. 01 87/81 71 71, Fax 81 82 64
8 Zimmer
Mittlere Preisklasse (EC, Visa)

Porto Roca
Wegen seiner traumhaften Lage über dem Meer gilt das Porto Roca als das schönste Hotel der Cinque Terre. Ein Tip: Man sollte keineswegs am etwas höheren Preis für ein Zimmer mit Meerblick (**vista sul mare**) sparen.
Via Corone 1
Tel. 01 87/81 75 02, Fax 81 76 92
36 Zimmer
Obere Preisklasse (AE, EC, Visa)

Sehenswertes

San Francesco
Über dem Ort, auf dem San-Cristoforo-Hügel, wurde 1623 das Kapuzinerkloster San Francesco geweiht. Wer den kurzen, aber anstrengenden Aufstieg hinter sich gebracht hat, kann in der Klosterkirche mehrere Barockgemälde besichtigen, darunter auch eine »Kreuzigung« von Antonius van Dyck.

San Giovanni Battista
Die älteste Pfarrkirche der Cinque Terre (13./14. Jh.) ist ein schönes Beispiel ligurischer Gotik. Die Kirche wurde aus weißem Marmor und grünem Sepertin errichtet, die Nordfassade wird von einer fein gearbeiteten Rosette geschmückt. Der Glockenturm diente den Genuesen als Wachturm.

Essen und Trinken

Bar Centrale
Die Bar am Dorfplatz ist der beliebteste Treffpunkt von Einheimischen und Fremden.
Via Garibaldi 10
Tel. 01 87/81 76 90

La Lampara
In der Saison ist es nicht leicht, auf der schönen, direkt neben der Pfarrkirche gelegenen Straßenterrasse ohne Vorbestellung einen Platz zu ergattern. Die bodenständige ligurische Küche und der freundliche Service runden den positiven Gesamteindruck ab.
Piazza Don Minzoni 6
Tel. 01 87/81 70 14
Mittlere Preisklasse (EC, Visa)

Dalla Pimpi
Kleine Trattoria inmitten der Altstadt.
Via V. Emanuele 67
Tel. 01 87/81 81 66
Do geschl.
Mittlere Preisklasse (DC, EC, Visa)

Einkaufen

Enoteca Internazionale
In der Weinhandlung von Francesco Giusti findet man eine breite Auswahl an Weinen sowie diverse ligurische Spezialitäten. Doch Vorsicht: Neben zahlreichen erlesenen Tropfen liegt so manche überlagerte Flasche in den Regalen.
Via Roma 62
Tel. 01 87/81 72 78

Service

Auskunft

IAT
Via del Molo
19016 Monterosso al Mare
Tel. 01 87/81 72 04

Riomaggiore

K 4

1000 Einwohner

Mit seinen schmalen, mehrstöckigen Häusern, die sich über die Hänge bis an das Meer herabziehen, vermittelt das westlich von La Spezia gelegene Riomaggiore einen ersten Eindruck von der typischen Architektur der Cinque-Terre-Dörfer. Die scheinbar planlos durcheinander gewürfelten Häuser mit ihren Fassaden, deren Farbskala von Gelb über Rosa und Ocker bis hin zu Blau reicht, strahlen einen ästhetischen Reiz aus, dem man sich nur schwer entziehen kann. Von der auf einem abgedeckten Bachbett angelegten Hauptstraße zweigt ein kaum überschaubares Gassengewirr ab, das sich in einem wahren Netz von Treppen, Galerien und Torbögen die beiden Hänge hinaufzieht.

Riomaggiore dürfte der älteste Cinque-Terre-Ort sein. Der Legende zufolge soll Riomaggiore im 8. Jh. von Griechen gegründet worden sein, die vor den Verfolgungen des byzantinischen Kaisers Leo III. nach Italien geflüchtet waren. Schriftlich überliefert ist hingegen, daß Riomaggiore wie die anderen Cinque-Terre-Dörfer dem mächtigen Geschlecht der Fieschi gehörte – die Fieschi sahen mit Innozenz IV. einen der Ihren sogar zu Papstwürden aufsteigen –, bevor der Ort 1276 in den Besitz der Republik Genua gelangte. Berühmt geworden ist Riomaggiore durch den Florentiner Maler Telemaco Signorini (1835–1901), der hier mehrere Sommer verbrachte und mit seinen impressionistischen Ansichten Riomaggiore und den an-

Steile Gassen und Treppen prägen das Ortsbild von Riomaggiore, dem wohl ältesten Dorf der Cinque Terre.

BAR
GELATERIA

deren Cinque-Terre-Dörfern zu einer ersten Bekanntheit verhalf. Von Riomaggiore führt ein in den Fels geschlagener Uferweg, der den poetischen Namen **Via dell' amore** trägt, in einer guten Viertelstunde nach Manarola. Der gutausgebaute und teilweise überdachte Pfad eröffnet zwar phantastische Ausblicke auf die steil abfallende Küste, eine beschauliche Stimmung kommt jedoch kaum auf, da die Via dell'amore zu den beliebtesten Spazierwegen Italiens gehört und dementsprechend übervölkert ist.

Hotel/andere Unterkünfte

Villa Argentina
Modernes Hotel im oberen Ortsteil.
Via De Gasperi 37
Tel./Fax 01 87/92 02 13
15 Zimmer
Mittlere Preisklasse

Privatzimmer
In Riomaggiore wird eine Vielzahl von Privatunterkünften angeboten. Vermittlung über
Mario Franceschetti
Via Malborghetto 4
Tel. 01 87/92 09 32 oder
Luciano und Roberto Fazioli
Via De Gasperi 1
Tel. 01 87/92 05 87.

Sehenswertes

San Giovanni Battista
Die Pfarrkirche von Riomaggiore stammt aus der Mitte des 14. Jh. Nachdem die Kirche teilweise eingestürzt war, wurde die Fassade 1871 im neugotischen Stil wieder aufgebaut, einzig die Fensterrose blieb vom abgetragenen Vorgängerbau erhalten. Zum Inventar zählen ein Domenico Fiasella zugeschriebenes Bild des hl. Johannes sowie ein Holzkruzifix von Maragliano.

Essen und Trinken

La Lanterna
Trattoria mit guter Fischküche.
Via S. Giacomo 46
Tel. 01 87/92 05 89
Di geschl.
Mittlere Preisklasse (AE, EC, Visa)

Service

Aufgrund der Nähe zu La Spezia kommen vor allem am Wochenende zahlreiche Besucher mit dem eigenen Fahrzeug nach Riomaggiore. Um die Parkplatzprobleme in den Griff zu bekommen, wurde oberhalb des Ortes ein modernes, recht umstrittenes Parkhochhaus errichtet. Die Gebühren liegen allerdings weit über den Kosten einer Bahnfahrt von La Spezia oder Levanto nach Riomaggiore.

Vernazza

I 4/K 4

800 Einwohner

TOPTEN 5

Dank seines malerischen Hafens und den farbenfrohen Häuserfassaden wird Vernazza – der Ortsname leitet sich wahrscheinlich vom Vernaccia-Wein ab – als schönster unter den Orten der Cinque Terre gehandelt. Von einem runden Wachturm geschützt, drängen sich die Häuser in einer kleinen Senke bis ans Meer hinunter. Stimmungsvoller Höhepunkt dieses architektonischen Gesamtkunstwerks ist die Hafenpiazza mit ihren farbenfrohen Fischerbooten, Laubengängen und Restaurants. Mediterrane Postkartenidylle pur! Die permanente Raumnot ist augenscheinlich: Der Platz ist knapp, so knapp, daß die Fischerboote in den Gassen gestapelt werden müssen und der Zug mit der Mehrzahl seiner Waggons im Tunnel halten muß. Vom Bahnhof aus führt die von kleinen Geschäften und Restaurants gesäumte »Hauptstraße« bis zum Hafen, der von der Pfarrkirche **Santa Margherita di Antiochia** und dem quadratischen Stumpf eines Sarazenenturmes eingerahmt wird.

Unterkunft

Sorriso
Kleine Pension in Bahnhofsnähe, für Personen mit leichtem Schlaf eher ungeeignet.
Via Gavino 4
Tel. 01 87/81 22 24
11 Zimmer
Mittlere Preisklasse (EC, Visa)

Sehenswertes

Santa Margherita di Antiochia
Der Eingang zur romanischen Pfarrkirche befindet sich wegen der räumlichen Enge ungewöhnlicherweise in der Apsis. Zum düstren dreischiffigen Innenraum führen mehrere Stufen hinauf. Charakteristisch sind auch der trapezförmige Grundriß sowie der achteckige, 40 m hohe Glockenturm.

Essen und Trinken

Il Baretto
Leckere hausgemachte Pasta. Von der schönen Straßenterrasse hat man das gesamte Ortsleben im Blick.
Via Roma 29/31
Tel. 01 87/81 23 81
Mo geschl.
Mittlere Preisklasse (AE, EC, Visa)

Gianni Franzi
Es gibt wohl kaum einen schöneren Platz, um in den Cinque Terre zu speisen, als auf der malerischen Piazzetta von Vernazza. Bei schlechtem Wetter sitzt man in den alten Lagergewölben. Die Küche hält, was das Ambiente verspricht.
Auch Zimmervermietung.
Via Visconti 2
Tel. 01 87/81 22 28
Mi geschl.
Obere Preisklasse (EC, Visa)

In Vernazza lädt ein kleiner Strand zum Baden und Erholen ein.

Die schroffe Steilküste ist charakteristisch für die Riviera di Levante; die Ausläufer der ligurischen Apenninen schieben sich bis dicht an das Meer heran.

Die Riviera di Levante, zu der genaugenommen auch die Cinque Terre gehören, reicht von La Spezia bis zur rund 100 Kilometer entfernten ligurischen Metropole Genua. Die Riviera di Levante ist eine eher herbe Region, statt anmutig geschwungener Hügel bestimmen schroffe Felsen das Landschaftsbild. Die Berge treten zumeist so nah an das Meer heran, daß mancherorts nicht einmal genug Platz für einen kleinen Strand bleibt. Bekannt ist der Küstenstreifen für seine mondänen Ferienorte wie Portofino, Santa Margherita Ligure oder Rapallo, die allesamt über moderne Yachthäfen verfügen – aber auch das verspielte Sestri Levante sonnt sich in der Gunst der Touristen. Wer ein Faible für idyllische Orte hegt, sollte unbedingt das Kloster **San Fruttuoso** auf der Halbinsel von Portofino besuchen. Das ehemalige Benediktinerkloster liegt in einer verträumten Bucht, umrahmt von einer üppigen mediterranen Vegetation.

Zu den schönsten Orten im Hinterland der Riviera di Levante zählt sicherlich Varese Ligure, dessen mittelalterliches Zentrum als kreisförmiger Borgo Rotondo entstand.

Die Cafés und Restaurants an der Mole von Portofino eignen sich zum »vedere e farsi vedere« – sehen und gesehen werden.

Camogli ■ G 3

6000 Einwohner

Camogli, eines der traditionsreichsten Seefahrerstädtchen Liguriens, besticht vor allem durch sein markantes Stadtbild: Rund um den zum **Golfo Paradiso** blickenden Strand ragen die mittelalterlichen Häuser turmhoch empor; aus Platzmangel errichteten die Camoglier Häuser mit bis zu sieben Stockwerken. Angesichts dieser imposanten Hafenkulisse kann man sich gut vorstellen, daß Camogli bis in das 19. Jh. hinein eine der größten Handels- und Kriegsflotten des Mittelmeers unterhielt. Im Laufe der Jahrhunderte liefen in den hiesigen Werften weit mehr als 2500 Segelschiffe vom Stapel!

Wer am zweiten Sonntag im Mai in der Nähe von Camogli ist, sollte es nicht versäumen, die **Sagra del pesce**, das wohl bekannteste Fest Liguriens, zu besuchen (→ Feste und Festspiele, S. 29).

Service

Verbindungen
Regelmäßig – in der Hochsaison halbstündlich – fahren Fährschiffe nach San Fruttuoso, Portofino und Rapallo.

Chiavari ■ H 3

29 000 Einwohner

Die Altstadt von Chiavari gehört fraglos zu den schönsten historischen Stadtkernen der Riviera di Levante. Wer dies allerdings nicht weiß und auf der Küstenstraße unterwegs ist, wird angesichts der monotonen Häuserfassaden wohl kaum auf den Gedanken kommen, hier einen Zwischenstopp einzulegen. Nur wenige hundert Meter von der Küste entfernt, erstreckt sich zwischen der Piazza Matteotti und der Viale Enrico Milo ein wahres Netz mittelalterlicher Laubengänge mit einer Gesamtlänge von mehr als 3 km; die rechtwinkligen Gassen folgen übrigens noch dem römischen Straßenverlauf. In den Arkadengängen finden sich Geschäfte und Restaurants. Besonders schön ist auch der Gemüsemarkt auf der kleinen Piazza Mazzini. Ein weiteres Plus: Touristen sind im historischen Zentrum eher selten, was daran liegen mag, daß der Stadtstrand von Chiavari wenig einladend ist.

Hotel

Dell'Orto
Stadthotel mit Restaurant in einem alten Palazzo direkt neben der Kathedrale.
Piazza dell'Orto 3
Tel. 01 85/32 23 56, Fax 32 22 15
21 Zimmer
Mittlere Preisklasse (AE, EC, Visa)

Sehenswertes

Palazzo Rocca
Der stattliche Stadtpalast, den sich die Adelsfamilie Costaguta 1629 von dem Architekten Bartolomeo Bianco errichten ließ, beherbergt eine **Pinacoteca** (Sa und So 10–12 und 16–19 Uhr), die nicht so sehr aufgrund ihrer Gemälde einen Besuch wert ist, sondern der stilvoll eingerichteten Räumlichkeiten wegen. Das im Erdgeschoß eines Seitenflügels untergebrachte **Museo Archeologico** (Di–Sa 9–13.30 Uhr) zeigt Funde aus vorrömischer Zeit. Oberhalb des Palastes schließt sich ein schöner, frei zugänglicher Park an.
Piazza Matteotti

Essen und Trinken

Osteria Luchin
→ MERIAN-TIP, S. 20

Osteria Da Vittorio
→ MERIAN-TIP, S. 20

Pasticceria Copello
1826 gegründet, rühmt sich die stuckverzierte Pasticceria Copello, die älteste Liguriens zu sein. Unbedingt versuchen sollte man den selbstgemachten **Torrone** und die berühmten **Dolcezze di Chiavari.**
Via Martiri della Liberazione 162

Service

Auskunft

IAT
Corso Assarotti 1
16043 Chiavari
Tel. 01 85/32 51 98

Levanto

■ 14

5800 Einwohner

Das in einem breiten Talkessel gelegene Levanto gehört zu den beliebtesten Urlaubsorten an der Riviera di Levante. Dies liegt zum einen an dem langgestreckten Strand, der teilweise mit grobem Sand, teilweise mit Kies bedeckt ist, sowie an der Nähe zu den Cinque Terre. Da Levanto der erste größere Ort westlich der Cinque Terre ist und eine vergleichsweise große Bettenkapazität aufweist, nehmen viele Reisende hier Quartier. Vom Meer ist Levanto allerdings durch eine alte Eisenbahntrasse abgeschirmt. Im Ort selbst stehen nur wenige mittelalterliche Bauwerke, darunter ein Uhrturm, die arkadengegliederte **Loggia del Comune** an der Piazza del Popolo und die gotische Pfarrkirche **Sant'Andrea.**

Hotels/andere Unterkünfte

Gentile
Freundliche kleine Herberge mit einem begrünten Hof. Zentrale Lage.
Via Jacopo da Levanto 27
Tel. 01 87/80 85 51
9 Zimmer
Untere Preisklasse

Nazionale
Jüngst renoviertes traditionsreiches Ferienhotel. Ansprechender Komfort.
Via Jacopo da Levanto 20
Tel. 01 87/80 81 02, Fax 80 09 01
34 Zimmer
Mittlere Preisklasse (AE, EC, Visa)

Stella Maris
Die Zimmer dieses in einem prachtvollen Stadtpalast untergebrachten Hotels begeistern mit ihrem Freskenschmuck und dem antiken Mobiliar; dieser Umstand schlägt sich allerdings auch auf den Zimmerpreis nieder.
Via Marconi 4
Tel. 01 87/80 82 58, Fax 80 73 51
8 Zimmer
Obere Preisklasse (AE, DC, EC, Visa)

Camping
Es gibt in Levanto insgesamt fünf Campingplätze, von denen **Acqua Dolce** (Tel. 01 87/80 73 65, ganzjährig geöffnet) wegen seiner Nähe zum Meer und zum Zentrum besonders zu empfehlen ist. Die anderen Plätze liegen ein Stück weit im Landesinneren und haben nur von April–Sept. geöffnet. Besonders schön ist der an der Straße nach Monterosso al Mare gelegene Campingplatz **San Michele** (Tel. 01 87/80 04 49) mit seinen schattigen Terrassen. Die sanitäre Ausstattung ist sehr einfach, dafür handelt es sich aber um den preisgünstigsten Platz in der Umgebung von Levanto.

Sehenswertes

Sant'Andrea
Die frühgotische Säulenbasilika von Levanto gilt dank ihrer grün-weiß gebänderten Fassade als eine der schönsten Kirchen Liguriens. Die Baumeister der Kirche orientierten sich stark an bekannten Genueser Vorbildern. Die Rosette und der Glockenturm wurden später behutsam hinzugefügt, ohne den Gesamteindruck negativ zu verändern.

Essen und Trinken

Cavour
Die mitten im Zentrum gelegene Trattoria bietet eine typische lokale Küche mit Schwerpunkt Fisch. Als Spezialität des Hauses gelten die mit Meeresfrüchten servierten **Spaghetti alla pirata**.
Piazza Cavour 1
Tel. 01 87/80 84 97
Mo geschl.
Mittlere Preisklasse (EC, Visa)

La Giada del Mesco
Allein der traumhafte Meeresblick von der Terrasse lohnt einen Besuch. Das Ausflugsrestaurant liegt hoch über der Küste direkt am Wanderweg von Levanto nach Monterosso al Mare, ist aber auch mit dem Auto zu erreichen.
Via Panoramico del Mesco 16
Tel. 01 87/80 87 05
Do geschl.
Obere Preisklasse (AE, EC)

Tolano blu
Knusprige Pizzen in einer schmalen Altstadtgasse.
Via Molinelli 10/12
Tel. 01 87/80 87 14
Do geschl.
Untere bis Mittlere Preisklasse

Service

Auskunft

IAT
Piazza Cavour
19015 Levanto
Tel./Fax 01 87/80 81 25

Eine marmorne Rosette gliedert die Fassade der frühgotischen Kirche Sant'Andrea in Levanto.

Moneglia ■ I 3

2700 Einwohner

Moneglia liegt abseits der Touristenströme und gehört daher zu den ruhigsten Badeorten an der Riviera di Levante. Da sich Autofahrer wegen der langen Wartezeiten an den Ampeln vor den einspurigen Tunnels der Küstenstraße bis zu 20 Minuten gedulden müssen, bleibt das römische Monilia vom Durchgangsverkehr verschont. Wer sich zu einem Besuch entschließt, kann hier recht beschauliche Tage verbringen. Aufgrund seines schönen Sandstrands und der hervorragenden Wasserqualität eignet sich Moneglia auch für einen längeren Badeurlaub.

Portofino ■ H 3

500 Einwohner

Portofino »ist einer der schönsten Plätze an dieser Küste – vorsichtig ausgedrückt: denn wahrscheinlich ist es wirklich der allerschönste.« Dieser Lobeshymne von Klaus und Erika Mann kann man zweifellos auch heute noch zustimmen. Allerdings läßt sich ein weiterer Superlativ hinzufügen: Portofino ist mit Sicherheit auch einer der teuersten Plätze an der ligurischen Riviera. Spätestens seit den Zeiten, als Errol Flynn hier mit seiner Luxusyacht »Zecca« vor Anker ging und sich Humphrey Bogart mit Lauren Bacall im **Hotel Splendide** amüsierte, gilt das ehemalige Fischernest als »in«; Hoteliers und Restaurantbesitzer verstehen es, dies in einem überdurchschnittlichen Preisniveau widerzuspiegeln. Von Portofinos Beliebtheit in Jet-Set-Kreisen profitieren auch die Normalsterblichen: Nirgendwo sonst in Ligurien läßt sich das allabendliche Spektakel des Sehens und Gesehenwerdens besser miterleben als in den Cafés und Restaurants entlang der Mole und auf der zum Meer geneigten **Piazzetta** von Portofino. Wer es ruhiger liebt, sollte ausgedehnte Streifzüge durch die mediterrane Vegetation des **Parco Naturale Monte di Portofino** unternehmen. Landschaftlich besonders reizvoll ist eine Wanderung von Portofino zum Kloster **San Fruttuoso** (→ Routen und Touren, S. 107).

MERIAN-TIP

Staufreie Anreise Die Anfahrt nach Portofino ist mit dem eigenen Auto nicht unproblematisch. Da das malerische Küstendorf nur über eine Stichstraße zu erreichen ist, geht es in der Hochsaison schlimmer zu als im großstädtischen Berufsverkehr. In Paraggi, zwei Kilometer vor Portofino, kann man an einer elektronischen Anzeigetafel ablesen, wie lange man noch im Stau stehen und auf einen Platz im sündhaft teuren Parkhaus (8000 Lit. pro Stunde!) von Portofino warten muß. Daher empfiehlt es sich, von Santa Margherita Ligure oder Rapallo aus den Bus (ab 1500 Lit. einfach) oder eines der zahlreichen Ausflugsboote zu nehmen.

Sehenswertes

Castello di San Giorgio
Vom Hafen aus führt ein Treppenweg in zehn Minuten hinauf zum Castello di San Giorgio. Die Burg, die sich der deutsche Sektbaron Alfons von Mumm vor 100 Jahren zur Gartenvilla umbauen ließ, befindet sich leider in einem ziemlich heruntergekommenen Zustand, dafür entschädigt der traumhafte Blick vom Garten des Castellos hinunter auf den Hafen von Portofino.
Tgl. 10–18, im Winter 10–17 Uhr
Eintritt 3000 Lit.

Essen und Trinken

La Stella
Empfehlenswertes Restaurant in exponierter Lage am Hafenkai. Während die Boote im Meer dümpeln, kann man sich beispielsweise an mit Fisch gefüllten Ravioli oder an der Spezialität des Hauses, Curryreis mit Scampi, laben.
Molo Umberto 1
Tel. 01 85/26 90 98
Mi sowie Jan. und Feb. geschl.
Obere Preisklasse (AE, DC, EC, Visa)

Service

Auskunft

IAT
Via Roma 35
16034 Portofino
Tel./Fax 01 85/26 90 24

Rapallo

H 3

28 000 Einwohner

Das wohl bekannteste Seebad der Riviera di Levante liegt an einer tief eingeschnittenen Bucht, deren geschützte Lage bereits die ligurischen Tigullier zu schätzen wußten. Seinen internationalen Ruf verdankt Rapallo aber der sogenannten Konferenz von Rapallo, bei der Deutschland und die Sowjetunion am 16. April 1922 in der Villa Spinola einen Vertrag unterzeichneten, in dem die beiden Länder gegenseitig auf den Ersatz von Kriegskosten verzichteten und die diplomatischen

Rapallo war Schauplatz eines bedeutenden politischen Ereignisses und Ferienort von Literaten und Intellektuellen.

Beziehungen erneuerten. In den 20er Jahren war Rapallo nicht nur bei der hohen Politik, sondern auch in Intellektuellenkreisen beliebt: Neben Gerhart Hauptmann, Franz Werfel und Fritz von Unruh verbrachte hier auch der amerikanische Lyriker Ezra Pound unbeschwerte Ferientage. An der palmengesäumten Uferpromenade **Lungomare Vittorio Veneto**, die sich von der Mündung des Flüßchens Boate bis zu einem kleinen **Castello** erstreckt, künden noch mehrere repräsentative Bauten von Rapallos Glanzzeit. Dem modernen Fremdenverkehr wurde die Stadt mit dem Bau eines neuen Yachthafens und eines 18-Loch-Golfplatzes gerecht.

Service

Auskunft

IAT
Via Diaz 9
16035 Rapallo
Tel. 01 85/23 03 46, Fax 6 30 51

San Fruttuoso

G 3/H 3

Wenn ein Ort in Ligurien das Attribut »idyllisch« verdient, dann das in einer kleinen, tief eingeschnittenen Bucht gelegene Kloster San Fruttuoso. Vollkommen abgeschieden, nur vom Meer aus oder durch einen zweistündigen Fußmarsch (→ S. 107) zu erreichen, könnte die Abtei mit ihren gotischen Fenstern und dem grazilen Wachturm jederzeit als Hollywoodkulisse für ein mittelalterliches Klostermelodram dienen.

San Fruttuoso ist in der Hochsaison meist so überfüllt, daß das Baden am malerischen Felsstrand vor dem Kloster keine große Freude bereitet. Wer es beschaulicher mag, sollte deshalb im Frühjahr oder Herbst hierher kommen.

Sehenswertes

San Fruttuoso

TopTen 6

Der Legende zufolge gründete der spanische Bischof Prosperus 713 das Benediktinerkloster, nachdem er die iberische Halbinsel mit den Gebeinen des hl. Fructuosus auf der Flucht vor den maurischen Eroberern verlassen hatte. Doch auch im vermeintlich sicheren Ligurien war den Mönchen keine Ruhe vergönnt: 984 wurde das Kloster von Sarazenen zerstört. Aber schon nach wenigen Jahren erfolgte der glanzvolle Wiederaufbau der Abtei, die später in die Abhängigkeit der Genueser Familie Doria geriet. Zum Schutz des Klosters ließ Andrea Doria 1550 einen Wehrturm, den **Torre dei Doria**, errichten.

Während die Klosterkirche frei zugänglich ist, sind die übrigen Klostergebäude nur gegen Eintritt zu besichtigen. Die dreischiffige Abteikirche stammt wie die ältesten noch erhaltenen Teile des Konvents aus dem 11. Jh.; die Kuppel ruht auf dreieckigen, von Fenstern unterbrochenen Stützen – ein Hinweis auf die byzantinischen Wurzeln dieser Architektur. Über einen Vorraum gelangen die Besucher in den kleinen (9x12 m) doppelgeschossigen Kreuzgang, der als zentraler Verbindungstrakt fungiert. Sehenswert sind die gotischen Doriagrabmäler – von 1275 bis 1305 diente San Fruttuoso den Doria als Grablege – in der Krypta; sie lassen auf florentinische Vorbilder schließen. Der majestätische, zum Meer hin blickende Abtspalast wurde nach schweren Erdbebenschäden (1915) umfangreich renoviert.
März–Okt. tgl. außer Mo 10–13 Uhr und 14–18, Nov.–Jan. tgl. außer Mo 10–13 Uhr und 14–16 Uhr, Feb. geschl.
Eintritt 8000 Lit., ermäßigt 4000 Lit.

Santa Margherita Ligure

11 000 Einwohner ■ H 3

Rapallos Nachbargemeinde war lange Zeit ein verträumtes Fischerdörfchen. Erst gegen Ende des 19. Jh. verwandelte sich Santa Margherita Ligure in einen mondänen Ferienort mit traumhaften Luxushotels wie beispielsweise das **Imperiale** oder das **Miramare.** Dank der Nähe zu Portofino liegt über Strandpromenade und Yachthafen noch heute ein nobler Touch; die ortsansässigen Modeboutiquen können sich eines treuen Kundenstamms erfreuen. Nicht auslassen sollte man einen Spaziergang zu der auf einem Hügel über dem Meer gelegenen **Villa Durazzo Centurione**; sie ist von einem gepflegten öffentlichen Park umgeben, von dem aus sich ein schöner Blick auf den **Golfo del Tigullio** – der Name erinnert noch an die einst hier siedelnden Tigullier – bietet.

Hotel

Villa Anita
Familiär geführtes Hotel, die meisten Zimmer verfügen über einen Balkon oder eine Terrasse.
Viale Minerva 25
Tel. 01 85/28 65 43, Fax 28 30 05
16 Zimmer
Obere Preisklasse (EC, Visa)

Service

Auskunft

APT
Via XXV Aprile 4
16038 Santa Margherita Ligure
Tel. 01 85/28 74 86, Fax 29 02 22

Christoph Kolumbus, dem bedeutenden Seefahrer genuesischer Abstammung, wurde in Santa Margherita ein Denkmal errichtet.

Sestri Levante ■ H 3

20 000 Einwohner

Fraglos zählt Sestri Levante zu den stimmungsvollsten Badeorten Liguriens. Die Altstadt erstreckt sich auf einem schmalen Isthmus, der das Festland mit der malerischen Isola verbindet. Wie der Name andeutet, war das kleine Vorgebirge ursprünglich eine Insel; erst im Spätmittelalter verlandete der Kanal zwischen der Isola und dem Festland. Zum Pflichtprogramm gehört ein Spaziergang über die Isola mit ihrem großen Park und der romanischen Basilika **San Nicolò**. Traumhaft sind auch die beiden Stadtstrände an der nach Norden blickenden **Baia delle Favole** (Märchenbucht) und der kleineren, nach Süden hin geöffneten **Baia del Silenzio** (Bucht des Schweigens). Die Lebensader von Sestri Levante ist die Via XXV Aprile, eine quirlige, von farbenfrohen Stadthäusern eingerahmte Ladengasse. An der Piazza Matteotti erhebt sich auch die barocke Pfarrkirche **Santa Maria di Nazareth**, der 1840 eine Fassade im klassizistischen Stil vorgeblendet worden ist.

Hotels

Due Mari
Zentral in einem Stadtpalast zwischen der Baia del Silenzio und der Baia delle Favole gelegen, bietet das Hotel guten Komfort zu akzeptablen Preisen. Fahrradverleih.
Via Coro 18
Tel. 01 85/4 26 95, Fax 4 26 98
26 Zimmer
Mittlere Preisklasse (EC, Visa)

Villa Balbi
TOPTEN 8
Mondänes Hotel in einem pompösen Palazzo aus dem 17. Jh. Bereits die freskenverzierte Empfangshalle strahlt viel Flair aus. Im parkähnlichen Garten steht den Gästen ein Swimmingpool zur Verfügung, der Strand und die Fußgängerzone sind nicht einmal eine Fußminute entfernt. Ein weiteres Plus sind die beiden großen Dachterrassen, von denen sich ein herrlicher Blick über Sestri Levante bietet.
Viale Rimembranza 1
Tel. 01 85/4 29 41, Fax 48 24 59
95 Zimmer
Obere Preisklasse (AE, DC, EC, Visa)

MERIAN-TIP

Eisessen in Sestri Levante An heißen Sommertagen kommt es im Stadtzentrum von Sestri Levante zu einem richtigen Menschenauflauf. Der Grund ist das köstliche, selbstgemachte Eis der **Gelateria Caruggio**, das sich auch bei Einheimischen höchster Beliebtheit erfreut. Ein vergleichbarer Eisbecher für 3000 Lit., Sahne und Amarenakirschen bzw. Schokostreusel inklusive, kostet anderswo leicht das Doppelte und schmeckt nur halb so gut. Aufgrund des großen Ansturms muß man links am Eingang eine Nummer ziehen, allerdings kann es dann noch bis zu 20 Minuten dauern, bis man an der Reihe ist. Via XXV Aprile 48

Essen und Trinken

Polpo Mario
Inmitten des belebten Zentrums ist das Polpo Mario eine ausgezeichnete Adresse für frisch zubereitete Fischgerichte. Kleine Straßenterrasse.
Via XXV Aprile 163
Tel. 01 85/48 02 03
Mo geschl.
Obere Preisklasse (AE, DC, EC, Visa)

Service

Auskunft

IAT
Piazza San Antonio 10
16039 Sestri Levante
Tel. 01 85/45 70 11, Fax 45 95 75

Auf einer flachen Landzunge, die das Festland mit einer ehemals vorgelagerten Insel verbindet, wurde die Altstadt von Sestri Levante errichtet.

Varese Ligure

13

2500 Einwohner

Varese Ligure, das wirtschaftliche Zentrum des oberen Varatals, besitzt ein wunderschönes, als **Borgo Rotondo** bezeichnetes historisches Zentrum. Der ungewöhnliche, nahezu kreisrunde Grundriß der Altstadt geht auf eine planmäßige Bebauung aus dem 14. Jh. zurück. Die ringförmig angelegten Häuser, die einst auch als Stadtmauer fungierten und von Wassergräben umgeben waren, öffnen sich zur Stadt hin mit schönen Arkaden. Leider wirkt das prächtig renovierte Ensemble ein wenig steril.

Besonders markant ist das benachbarte Castello der Fieschi von Lavagna mit seinen zwei gewaltigen Türmen, der **Torre del Piccinio** und dem **Torreone dei Landi**. Einen Besuch wert sind auch die barocke Kirche **Santi Teresa d'Avila e Filippo Neri**, die eine für die Region ungewöhnlichen Doppelturmfassade besitzt, sowie der im 16. Jh. errichtete Stadtteil **Borgo Nuovo** mit seinen engen Ladengassen.

Von der französischen Grenze

bis hinüber nach Genua erstreckt sich die Riviera di Ponente, die den größten Teil der ligurischen Küste einnimmt.

Der Küstenabschnitt zwischen Alassio und Savona wird in der Tourismuswerbung auch gerne als Riviera delle Palme bezeichnet. Ein wohlklingender Name, sind die Palmen an den Uferpromenaden doch die schönsten Sendboten des Südens und verheißen Sonne, Wärme und unbeschwerte Tage. Die bekanntesten Küstenorte der Riviera delle Palme sind Finale Ligure sowie Alassio, das sich dank seines schönen Sandstrandes und seiner verspielten Altstadt seit Jahren bei den Touristen einer großen Beliebtheit erfreut. Wer kleinere, beschaulichere Badeorte bevorzugt, sollte jedoch besser nach Laigueglia, Noli oder Varigotti fahren. Die Provinzhauptstadt Savona ist trotz ihrer großen Vergangenheit für einen längeren Urlaubsaufenthalt eher ungeeignet. Kulturtouristen werden von der Riviera delle Palme ebenfalls nicht enttäuscht sein: Albenga beispielsweise begeistert nicht nur durch seine mittelalterlichen Geschlechtertürme und den stattlichen Dom, sondern besitzt mit seinem Baptisterium das einzige spätantike Baudenkmal Liguriens.

Mit angenehm mildem Klima und seiner charmanten Altstadt lockt Alassio bereits seit dem 19. Jahrhundert Gäste aus der ganzen Welt an.

Alassio ■ D 5

12 000 Einwohner

Alassio gehört seit mehr als 100 Jahren zu den renommiertesten Badeorten der italienischen Riviera. Die direkt hinter der Stadt aufragenden Berge schützen die Bucht vor kalten Nordwinden und garantieren ein angenehmes mildes Klima; die Temperaturen sinken selbst in den Wintermonaten nicht unter zehn Grad Celsius. Bereits im 19. Jh. strömten gutbetuchte Touristen nach Alassio, um hier zu überwintern. Wie damals erfreut sich auch heute der Ort bei deutschen Urlaubern großer Beliebtheit. Wer sich ein Bild von der illustren Gästeschar machen will, die Alassio über die Jahre hinweg beehrt hat, kann dies an einer kleinen Mauer, dem südlich des Rathauses gelegenen **muretto**, tun. Auf Keramikkacheln haben sich zahlreiche bekannte Persönlichkeiten verewigt, angefangen bei Ernest Hemingway über Zarah Leander, Jean Cocteau, Louis Armstrong, Helmut Zacharias, Anita Ekberg bis hin zu dem italienischen Dramatiker und Nobelpreisträger Dario Fo. Allerdings kann man sich des Eindrucks nicht erwehren, daß diese Gästeliste hauptsächlich von historischer Bedeutung ist und die zeitgenössischen Prominenten aus Kultur und Showbusiness eher einen Bogen um Alassio schlagen. Die Touristen der 90er Jahre sind namenlos wie das bronzene Liebespärchen, das auf der Mauer sitzend turtelt. Warum auch nicht? Alassio präsentiert sich heute als angenehmer Ferienort mit einem schönen Sandstrand, zahlreichen Hotels, Restaurants und Boutiquen. Kulturelle Sehenswürdigkeiten sind rar, dafür strahlt Alassios Altstadt mit ihren engen Gassen viel Flair aus.

Hotels/andere Unterkünfte

Ligure
Geschmackvolles Hotel zwischen Meer und Fußgängerzone.
Passeggiata Italia 25
Tel. 01 82/64 06 53, Fax 66 00 41
50 Zimmer
Obere Preisklasse (AE, DC, EC, Visa)

Villa Igea
Stilvolle ältere Villa mit kleinem Garten und Restaurant.
Via Roma 56
Tel. 01 82/64 02 29, Fax 64 04 40
24 Zimmer
Mittlere Preisklasse (AE, EC, Visa)

Essen und Trinken

Sailinn
In den betont schlicht eingerichteten Räumlichkeiten werden klassische mediterrane Gerichte zu einem Preis-Leistungs-Verhältnis serviert, das in Ligurien seinesgleichen sucht. Besonders empfehlenswert ist der gekochte Tintenfisch mit Kartoffeln.
Via Brennero 30
Tel. 01 82/64 02 32
Mo geschl.
Mittlere Preisklasse (AE, DC, EC, Visa)

Jack's Scampi
Jack's Scampi gilt als eines der beliebtesten Restaurants von Alassio.
Piazza Partigiani
Tel. 01 82/64 04 97
Di geschl.
Mittlere Preisklasse (AE, DC, EC, Visa)

Service

Auskunft

APT
Viale Gibb 26
17021 Alassio
Tel. 01 82/6 47 11, Fax 64 46 90

Albenga ■ D 5

22 000 Einwohner

Eine Besichtigung von Albenga markiert zweifellos den kulturhistorischen Höhepunkt eines Aufenthalts an der Riviera di Ponente. Die Stadt ist schon von weitem sichtbar, denn sie wird von gotischen Geschlechtertürmen überragt – steinernen Symbolen adeliger Abkunft und gesellschaftlicher Macht. Trotz der zahlreichen Kunstschätze – abgesehen von Mailand und Ravenna besitzt keine andere oberitalienische Stadt vergleichbare spätantike Kulturgüter – lassen die meisten Touristen Albenga unverständlicherweise links liegen. Ein Grund dafür ist sicherlich, daß Albenga, obwohl nur wenige 100 Meter von der Küste entfernt, über keine attraktiven Strände verfügt und diese zudem durch einen häßlichen Bahndamm vom historischen Zentrum abgeschnitten sind.

Vor rund 2000 Jahren war das römische Albingaunum eine der bedeutendsten Hafenstädte an der ligurischen Küste. Der rechtwinkelige Grundriß der römischen Stadt ist bis heute unverkennbar, da Albenga im Mittelalter nach den Zerstörungen der Völkerwanderungszeit entlang der alten Straßenzüge wieder errichtet wurde. Die beiden römischen Hauptstraßen sind noch immer deutlich auszumachen: Als Cardo (Querachse) diente die Via delle Medaglie d'Oro, als Decumanus (Längsachse) die ineinander übergehenden Straßen Via d'Aste und Via B. Ricci. Das römische **Forum** konnte bis heute nicht genau lokalisiert werden. Durch Anschwemmungen der direkt an Albenga vorbeifließenden Centa liegt das heutige Bodenniveau, wie am Baptisterium zu sehen ist, allerdings mehrere Meter höher als in römischer Zeit.

Gewissermaßen einen zweiten Frühling erlebte Albenga nach der Vertreibung der Sarazenen. Damals entwickelte es sich zu einer der wichtigsten italienischen Handelsstädte und stellte für den ersten Kreuzzug (1098) gar eine eigene Flotte auf. Doch schon 100 Jahre später geriet Albenga immer mehr unter genuesischen Einfluß, bis es 1251 seine politische Eigenständigkeit verlor und nach der Versandung des Hafens allmählich zu einer bedeutungslosen Provinzstadt herabsank. Das imposante mauerbewehrte Stadtbild mit den Geschlechtertürmen und stattlichen Palästen blieb glücklicherweise erhalten und erinnert heute eindrucksvoll an die einstige Bedeutung von Albenga.

Sehenswertes

Duomo San Michele
Der heutige Dom entstand um 1270 anstelle einer frühchristlichen Basilika unter Verwendung von Teilen eines romanischen Vorgängerbaus, barocke Veränderungen wurden bis auf das Portal bei einer umfangreichen Restaurierung in den 60er Jahren weitgehend entfernt. Das Äußere der Kathedrale begeistert durch seinen herrlich proportionierten gotischen Backsteinkirchturm, im Inneren präsentiert sich die dreischiffige Bischofskirche als weitgehend frühgotischer Bau, die Krypta stammt wahrscheinlich noch aus karolingischer Zeit.

Museen

Museo Civico Ingauno e Battistero
Der von der 60 m hohen **Torre del Comune** flankierte **Palazzo Vecchio** beherbergt in seinem Erdgeschoß das städtische Museum; es ist nur im Rahmen einer Führung zugänglich, zu der auch die Besichtigung

des Baptisteriums gehört. Zu sehen sind eine kleine Sammlung von Inschriften, Skulpturen und mehrere Sarkophage aus römischer und frühchristlicher Zeit sowie ein eventuell von Canavesio stammendes Fresko.

Das sich anschließende **Baptisterium** ist mit seinem spätantiken Mosaik das bedeutendste frühchristliche Bauwerk Liguriens. Die Sorgfalt, mit der der Bau dieser Taufkapelle betrieben wurde, zeugt von der hohen Bedeutung, die die christliche Glaubensgemeinschaft diesem Initiationsritus bereits im frühen 5. Jh. beigemessen hat. Der im Inneren oktogonale Grundriß sorgt für eine harmonische Raumwirkung und verbreitet eine feierliche Atmosphäre; im Zentrum des Baptisteriums steht das romanische Taufbecken. Von herausragender kunsthistorischer Bedeutung ist das in Blau und Gold gehaltene byzantinische Wandmosaik an einer Nische im Nordwesten der Taufkapelle: Zwölf Tauben umrahmen ein Monogramm Christi.
Via B. Ricci
Di–So 10–12 und 15–18 Uhr
Eintritt 3000 Lit.

Museo Diocesano
Das im Bischofspalast untergebrachte Diözesanmuseum zeigt sakrale Kunst, Handschriften und liturgische Gerätschaften aus mehreren Jahrhunderten.
Via Episcopio 5
Di–So 10–12 und 15–18 Uhr
Eintritt 3500 Lit.

Museo Navale Romano
Die Hauptattraktion des Museums sind etwa 1000 Amphoren, die 1950 und 1962 bei zwei spektakulären Bergungsaktionen aus dem Rumpf eines römischen Schiffes geborgen wurden. Dieses war, mit rund 250 000 l Wein beladen, zu Beginn des 1. Jh. vor Albenga gesunken.
Piazza San Michele 1
Di–So 10–12 und 15–18 Uhr
Eintritt 3000 Lit.

Der Dom von Albenga läßt romanische, gotische und barocke Elemente erkennen.

Essen und Trinken

Dei Leoni
Kleines, angenehmes Restaurant, mitten im Zentrum hinter dem Dom. Einfallsreiche Regionalküche zu angemessenen Preisen.
Via Lengueglia 1
Tel. 01 82/5 19 37
Mo geschl.
Mittlere Preisklasse (EC, Visa)

Service

Auskunft

IAT
Viale Martiri della Libertà 1
17031 Albenga
Tel. 01 82/55 84 44, Fax 55 87 40

Albisola

E 3

18 000 Einwohner

Die mit bunten Fliesen gepflasterte Strandpromenade **Passeggiata degli Artisti** läßt es sogleich erahnen:
In Albisola hat die Keramikproduktion eine lange Tradition. Seit mehr als vier Jahrhunderten widmen sich die Bewohner des Küstenortes der Herstellung von Majolika. Im 18. Jh. war Albisola, das sich genaugenommen aus den beiden Gemeinden **Albisola Marina** und **Albisola Superiore** zusammensetzt, eine beliebte Sommerfrische: Der letzte Genueser Doge Francesco Maria della Rovere ließ sich beispielsweise in Albisola Superiore die **Villa Gavotti** errichten; der pompöse Landsitz im Barockstil kündet noch von seinem ausschweifenden Lebensstil. In Albisola Marina steht ein weiteres Barockschlößchen, die **Villa Faraggiana**, umgeben von einem großzügigen Garten.

Museum

Museo della Ceramica Manlio Trucco
Das Keramikmuseum zeigt vor allem Werke des einheimischen Künstlers Manlio Trucco.
Corso Ferrari 193
Mo–Sa 10–12 Uhr

Finale Ligure besteht aus drei Stadtteilen, von denen Final-borgo und Finale Marina zum Bummeln einladen.

Finale Ligure ■ D 4

14 000 Einwohner

Finale Ligure besteht genaugenommen aus drei vollkommen unterschiedlichen Stadtteilen, den beiden Küstenorten Finale Marina und Finalpia sowie dem 2 km landeinwärts gelegenen Finalborgo. Während **Finalpia** unter touristischen Gesichtspunkten eher uninteressant ist, präsentiert sich **Finale Marina** als gewachsener Küstenort mit schönem Strand, einer langgestreckten Strandpromenade und netten Gassen, die zum Bummeln einladen. Die auffälligsten Baudenkmäler sind der 1666 für Margarethe von Spanien – die spanische Infantin befand sich auf dem Weg nach Österreich, um Leopold I. zu ehelichen – an der Piazza Vittorio Emanuele errichtete Triumphbogen sowie die Barockkirche **San Giovanni Battista** mit ihrer prachtvollen Schaufassade und dem aufwendig dekorierten Innenraum.

Historisch bedeutsamer ist der am Zusammenfluß von Pora und Aquila gegründete Ortsteil Finalborgo. Von einem vollständig erhaltenen Mauerring mit halbrunden Schalentürmen umgeben, besitzt Finalborgo noch viel mittelalterliches Flair. Auf altertümlich gepflasterten Gassen, gesäumt von Adelspalästen, spaziert man durch ein außergewöhnlich schönes Dorf, dessen kleine beschauliche Plätze nicht zur Kulisse erstarrt, sondern vom Alltagsleben erfüllt sind.

Lohnenswert ist auch ein Abstecher in das nahe **Perti**, ein aufgegebenes Bergdorf, das von einer imposanten Höhenburg, dem **Castel Gavone** mit seiner eliptischen **Torre dei Diamanti**, gekrönt wird.

Hotels/andere Unterkünfte

Garibaldi
Wohnen in einem altem Patrizierhaus mit viel Komfort und lauschiger Sonnenterrasse.
Piazza Vittorio Emanuele 5
Tel. 0 19/69 04 53, Fax 69 41 91
19 Zimmer
Mittlere Preisklasse (AE, EC, Visa)

Ostello della gioventù Wuillermin
Idyllische Jugendherberge in einer Burg hoch über Finalborgo.
Via Caviglia 46
Tel./Fax 0 19/69 05 15
Mitte März–Mitte Okt. geöffnet
82 Betten
Untere Preisklasse

San Marco
Kleines ordentliches Hotel, direkt an der Strandpromenade.
Via Concezione 22
Tel./Fax 0 19/69 25 33
14 Zimmer
Untere Preisklasse

Museum

Museo Civico del Finale
Das städtische Museum im ehemaligen Dominikanerkloster Santa Caterina besitzt zahlreiche archäologische Funde, die die Besiedlung des Küstenstreifens von der Frühgeschichte über die römische Epoche bis hin zum Mittelalter dokumentieren. Gezeigt werden Fossilien, Steinwerkzeuge, Töpferwaren aus dem Neolithikum, Gefäße aus der Bronzezeit sowie eine große Anzahl römischer Münzen, die auf einen intensiven Handelsverkehr schließen lassen.
Di–So 9–12 und 15–18 Uhr
Eintritt 5000 Lit., ermäßigt 2 500 Lit.

Essen und Trinken

Carlin
Die beliebteste Gelateria von Finale Ligure.
Piazza Vittorio Emanuele 6

Au Quarté
Traditionelle ligurische Küche, der lauschige Garten lädt zum Verweilen ein. Das freundlich geführte Restaurant befindet sich im Ortsteil Finalborgo.
Via Fiume 40
Tel. 0 19/69 03 00
Di und Mi abend geschl.
Mittlere Preisklasse (AE, DC, EC, Visa)

Service

Auskunft

IAT
Via S. Pietro 14
17024 Finale Ligure
Tel. 0 19/68 10 19, Fax 68 18 04

Die Barockkirche von Laigueglia bestricht durch zwei Glockentürme, die in bunten Majolikakuppeln enden.

Laigueglia

D 5

2600 Einwohner

Laigueglia ist ein angenehmer Ferienort an der weiten, von Alassio bis zum Capo Mele reichenden Sonnenbucht (**Baia del Sole**). Dank seines feinen Sandstrandes eignet sich Laigueglia besonders für Familien mit Kindern, allerdings ist der gesamte Strand in **stabilimenti balneari** (Badeanstalten) aufgeteilt. In der guterhaltenen Altstadt, die sich direkt ans Ufer schmiegt, sind noch zahlreiche Gebäude aus der Zeit des 16. bis 17. Jh. zu bewundern, darunter mehrere Palazzi, ein runder Sarazenenturm und eine barocke Pfarrkirche, die dem hl. Matteo geweiht ist. Besonders pittoresk sind die kleinen Plätze, die sich entlang der Hauptgasse zum Meer hin öffnen.

Einen Abstecher lohnt auch das nahe **Castello d'Andora**, eine imposante Burgruine, deren Bau auf die Markgrafen von Clavesana zurückgeht. Auf dem Burghügel steht noch die spätromanische Kirche **SS. Giacomo e Filippo**, die von einem zum Campanile umfunktionierten Wehrturm flankiert wird.

Noli

E 4

3000 Einwohner

Noli ist einer der angenehmsten Badeorte an der Riviera di Ponente. Klein und beschaulich liegt es an einer sichelförmigen Bucht, umrahmt von dichtbewaldeten, direkt hinter der Stadt ansteigenden Hügeln. An den schönen Sandstrand schmiegt sich die hervorragend erhaltene Altstadt, deren Stadtmauern bis zur Burgruine auf dem Monte Ursino ansteigen. Mit seinen Geschlechtertürmen – von den einst 72 Türmen sind nur noch wenige in ihrer ursprünglichen Größe erhalten, die meisten wurden auf Haushöhe abgetragen – ähnelt Noli dem weiter westlich gelegenen Albenga, wenngleich Noli ungleich mehr mediterranes Flair ausstrahlt. Nur einen Steinwurf vom Meer entfernt wechseln sich schattige Laubengänge mit kleinen Plätzen ab, in den verwinkelten Gassen pulsiert das Alltagsleben.

Angesichts dieser idyllischen Kleinstadtatmosphäre ist es nur schwer vorstellbar, daß Noli im Mittelalter eine bedeutende Seerepublik war, die sich, mit Genua verbündet, bis 1797 die politische Unabhängigkeit bewahren konnte. Erst Napoleon bereitete der jahrhundertewährenden Selbständigkeit ein Ende. Jedes Jahr im September, wenn Vertreter der einzelnen Stadtviertel bei der **Regata dei rioni** nach einem farbenprächtigen Umzug in historische Kostümen gehüllt miteinander in Wettstreit treten, wird die große Vergangenheit wieder lebendig (→ Feste und Festspiele, S. 29).

Hotel

Miramare
Strandhotel im Stil eines mittelalterlichen Palazzos, die Zimmer im ersten Stock besitzen schöne Balkone.
Corso Italia 2
Tel. 0 19/74 89 26, Fax 74 89 27
28 Zimmer
Mittlere Preisklasse (AE, DC, EC, Visa)

Die sanft geschwungene Bucht des Städtchens Noli verführt zum Baden und Relaxen.

Sehenswertes

San Paragorio
Die am westlichen Stadtrand gelegene ehemalige Bischofskirche ist einer der formvollendetsten romanischen Sakralbauten Liguriens. Anstelle eines byzantinischen Vorgängerbaus wurde San Paragorio gegen Ende des 11. Jh. im romanisch-langobardischen Stil errichtet, für den die zu zwei, drei oder vier Bögen gegliederten Friese und Mauerstreifen charakteristisch sind. Im Inneren begleiten zwei kreuzgratgewölbte Seitenschiffe das hohe Mittelschiff mit seinem offenen, teilweise bemalten Dachstuhl. Die Freskenreste in der Hauptapsis stammen aus dem 14. Jh.
Di, Do, Sa und So 10–12 und 17–19 Uhr
Eintritt 2000 Lit.

Essen und Trinken

Ines
In unmittelbarer Nähe des Domes ist das von drei Brüdern geführte Restaurant für seine angenehme Atmosphäre und seine ausgezeichnete Küche mit Schwerpunkt auf Meeresfrüchten bekannt. Der Weinkeller beherbergt neben edlen ligurischen Weinen auch erlesene Rebensäfte aus anderen italienischen sowie französischen Regionen.
Via Vignolo 1
Tel. 0 19/74 80 86
Mo geschl.
Obere Preisklasse (EC, Visa)

Service

Auskunft

IAT
Corso Italia 8
17026 Noli
Tel. 0 19/7 49 90 03, Fax 7 49 93 00

Savona

E3

67 500 Einwohner
Stadtplan → S. 79

Savona lebt in erster Linie von der Eisen- und Stahlindustrie sowie von ihrem Hafen; der Tourismus spielt nur eine untergeordnete Rolle. Dafür ist der von der mittelalterlichen **Torre di Leon Pancaldo** bewachte Hafen um so bedeutender: Er ist der fünftgrößte Italiens, was vor allem daran liegt, daß hier die in Turin gefertigten Fiats und Lancias verschifft werden.

Aufgrund seines schönen Naturhafens war Savona, dessen Name sich von den ligurischen Sabatern ableitet, bereits vor mehr als 2000 Jahren ein prosperierender Handelsort. Fatalerweise verbündeten sich die Sabater im Zweiten Punischen Krieg aber mit dem unterlegenen Karthago, weswegen die Römer zur Strafe das benachbarte Vado förderten. Erst im 11. Jh. konnte sich Savona wieder aus dem Schatten Vados lösen und sich als politisch unabhängige Seemacht etablieren. Die Nachbarstadt Genua verfolgte diesen Aufstieg mit Mißmut und Argwohn, so daß es wiederholt zu kriegerischen Auseinandersetzungen kam. Erst 1527 gelang es, das rivalisierende Savona endgültig in die Knie zu zwingen. Die von Andrea Doria angeführten Genuesen ließen den Hafen zuschütten und die alte Oberstadt mitsamt der Kathedrale abbrechen. An ihrer Stelle wurde die wuchtige Festung **Priamar** errichtet, von der aus nicht nur die Küste verteidigt, sondern auch – falls nötig – ein Aufstand der Savoneser niedergeschlagen werden sollte. Während des 19. Jh. nahm Savona, das nunmehr zum Königreich Sardinien gehörte, einen erneuten Aufschwung. Im Zuge der Industrialisierung ließen sich zahlreiche metallverarbeitende Fabriken in Savona nieder.

Spaziergang

Um bis zur Altstadt und dem Hafen vorzudringen, muß man erst einen unattraktiven Ring moderner Stadtviertel durchfahren. Zum Parken empfehlen sich die unterhalb der Priamar-Festung gelegenen Parkplätze; sie liegen zentral und werden bewacht. Die wuchtige **Priamar-Festung**, die alle drei Savoner Museen beherbergt, ist nach dem felsigen Hügel **pietra sul mar** (Stein über dem Meer) benannt, auf dem sie errichtet wurde. Direkt gegenüber werden im **Mercato Coperto**, der städtischen Markthalle, jeden Morgen frisches Gemüse und Obst sowie der Fischfang der letzten Nacht feilgeboten. Vor einer weiteren Erkundung der historischen Altstadt bietet sich ein Spaziergang entlang dem **Corso Italia** und der **Via Paleocapa** an, zwei eleganten Flaniermeilen, die von zahlreichen Boutiquen gesäumt werden. Die breite Via Paleocapa, die mit ihren hohen Laubengängen an piemontesische Städte erinnert, führt zum Hafen hinunter. Nun steht ein kurzer Bummel durch die Altstadt auf dem Programm, die – bis heute noch sichtbar – von den Zerstörungen des Zweiten Weltkriegs geprägt ist. In manchen Gassen, wie in der von der Via Paleocapa abzweigenden Via Quadra Superiore, sind einige der mächtigen Geschlechtertürme erhalten, ein Großteil fiel aber den Bomben der Alliierten zum Opfer. Inmitten der Altstadt befindet sich auch der **Duomo Santa Maria Assunta**, das größte und schönste Gotteshaus der Stadt.

Unterkunft

Ostello Priamar b 2
Jugendherberge in der Priamar-Festung.
Corso Mazzini
Tel./Fax 0 19/81 26 53
60 Betten
Untere Preisklasse

Architektur des 19. und 20. Jahrhunderts prägt das Bild der geschäftigen Handels- und Industriestadt Savona.

Sehenswertes

Duomo Santa Maria Assunta
b 1/b 2

Die frühbarocke Basilika wurde gegen Ende des 16. Jh. von Battista Sormano als Ersatz für den von den Genuesern in der Oberstadt abgebrochenen Dom errichtet. Die breitgelagerte neobarocke Fassade sowie die Ausstattung des dreischiffigen Innenraums sind eine Beigabe des 19. Jh. Die wertvollsten Kunstschätze werden im **Domschatzmuseum** ausgestellt, das vom Chor aus zugänglich ist. Vom nördlichen Seitenschiff gelangt man in einen Kreuzgang, der auf ein älteres Franziskanerkonvent zurückgeht. An den Dom schließt sich auch die nur Samstag nachmittag geöffnete **Cappella Sistina** an; sie wurde von Papst Sixtus IV. als Grabkapelle für seine Eltern in Auftrag gegeben, später aber im Rokokostil neu ausgeschmückt.

Wer den Corso Italia entlangflaniert, kann manch liebenswertes architektonisches Detail ausmachen.

Museen

Civica Pinacoteca
b 1

Die städtische Gemäldegalerie beherbergt ligurische Malerei, hauptsächlich sakrale Kunst, aus der Zeit vom 14.–18. Jh. Zu den wertvollsten Exponaten gehört Ludovico Breas »Kreuzigung« und Nicolò da Voltris »Madonna mit Kind«. Ein paar Vitrinen geben einen Überblick über die lokale Keramiktradition.
Priamar
Mo–Sa 8.30–12.30 Uhr
Eintritt 4000 Lit., ermäßigt 2000 Lit.

Museo Archeologico
b 2

Das archäologische Museum gewährt einen Einblick in die bewegte Vergangenheit von Savona. Neben den bei Ausgrabungen auf dem Priamar-Hügel gemachten Funden sind auch römische Bodenmosaiken und Sarkophage zu sehen.
Priamar
Corso Mazzini 1
Di–Sa 10–12 Uhr und 16–18,
So nur 16–18 Uhr
Eintritt 4000 Lit., ermäßigt 2000 Lit.

Museo d'Arte Sandro Pertini ■ b 2
Das von dem ehemaligen italienischen Staatspräsidenten Sandro Pertini – er stammte aus dem in der Nähe gelegenen Dorf Stella – gegründete Museum zeigt hauptsächlich moderne und zeitgenössische italienische Kunst.
Priamar
Corso Mazzini 1
Mo–Sa 8.30–12.30 Uhr
Eintritt 4000 Lit., ermäßigt 2000 Lit.

Essen und Trinken

Bacco ■ b 1
Die mit zahllosen Schiffsmodellen und anderen maritimen Utensilien eingerichtete Osteria wirkt auf den ersten Blick wie eine Touristenfalle, doch treffen sich in erster Linie Einheimische an den rot-weiß gedeckten Tischen. Die im Hafenviertel gelegene Osteria bietet vorzügliche Fischgerichte. Eine Speisekarte gibt es nicht, dafür verkündet der urige Wirt Francesco Doberti – er war früher Seemann– mit seinem dröhnenden Baß das aktuelle Angebot.
Via Quarda Superiore 17
Tel. 0 19/8 33 53 50
Mittlere Preisklasse (AE, DC, EC, Visa)

Service

Auskunft

IAT ■ a 1
Via Paleocapa 23
17100 Savona
Tel. 0 19/82 55 44, Fax 82 78 05

Toirano

■ D 4

1800 Einwohner

Toirano, ein 3 km von der Küste entferntes Landstädtchen, das bereits in römischer und byzantinischer Zeit besiedelt war, ist heute vor allem wegen seiner Grotten bekannt, doch verdient auch das weitgehend mittelalterliche Dorfzentrum eine Besichtigung. Die Pfarrkirche besitzt einen spätgotischen Turm, in den beschaulichen Gassen finden sich mehrere stattliche Häuser mit schönen Schieferportalen.

Hotel

Residence Ca'de Berna
→ MERIAN-Tip S. 17

Sehenswertes

Grotta di Toirano
→ Mit Kindern unterwegs, S. 25

Villanova d'Albenga

1700 Einwohner ■ D 5

Wie der Name bereits andeutet, handelt es sich bei Villanova d'Albenga um eine von Albenga gegründete Stadt; sie wurde im 13. Jh. als militärischer Vorposten errichtet, um das für die Landwirtschaft wichtige Hinterland von Albenga gegen Übergriffe der Markgrafen von Clavesana zu sichern. Noch heute zeugt die fast vollständig erhaltene Stadtmauer samt Türmen und Toren von der einstigen Bedeutung der »Neuen Stadt«. Sehenswert ist die kleine, nur von außen zu besichtigende Renaissancekirche **Santa Maria della Rotonda**, ein schlichter Zentralbau mit einem für ligurische Sakralbauten ungewöhnlichen kreisrunden Grundriß.

Unterkunft

C'era una Volta
Der oberhalb des Städtchens gelegene Ferienpark mit Campingplatz, Bungalow- und Apartmentvermietung eignet sich vor allem für Familien mit Kindern. Schönes schattiges Waldareal mit zahlreichen Freizeit- und Sportmöglichkeiten, darunter zwei große Swimmingpools mit Kinderbecken.
17038 Villanova d'Albenga
Tel. 01 82/58 04 61, Fax 58 28 71
Untere Preisklasse

Zuccarello

■ C 4

300 Einwohner

Das im Tal der Neva gelegene Dorf mit seinem harmonischen, geschlossenen Stadtbild ist ein schönes Beispiel für einen spätmittelalterlichen Borgo. Die Häuser schmiegen sich so eng aneinander, daß sie nach außen hin einer Stadtmauer gleichen. Zwei Stadttore bilden den einzigen Zugang zu der langgestreckten Hauptgasse, die an beiden Seiten von Laubengängen gesäumt wird. Einzig in der Dorfmitte, nahe der barockisierten Pfarrkirche **San Bartolomeo**, verbreitert sich die Gasse ein wenig. Überragt wird Zuccarello von den Ruinen eines **Castellos** aus dem frühen 13. Jh., das nach einem kurzen, aber schweißtreibenden Aufstieg zu erreichen ist. Als Entschädigung winkt ein großartiger Panoramablick bis hinunter nach Albenga.

Elegante Seebäder wie San Remo und Bordighera können auf eine rund 200jährige Tradition zurückblicken. Die Riviera dei Fiori ist fraglos einer der beliebtesten Landstriche Liguriens.

Nicht nur der Name Riviera dei Fiori weist auf den Blumenanbau als vorherrschenden Wirtschaftszweig hin: Die üppige Vegetation und die zahllosen Treibhäuser sind nicht zu übersehen. Rund 2000 Betriebe und knapp halb so viele Versandunternehmen profitieren von diesem im wahrsten Sinne des Wortes florierenden Gewerbe. Im Zentrum des Blumenanbaus steht San Remo mit seinen blühenden Parkanlagen und dem weltbekannten Mercato dei Fiori, der einem riesigen Blumenteppich gleicht. Für Liebhaber anspruchsvoller Gartenkultur gehört ein Besuch der westlich von Ventimiglia gelegenen Giardini Hanbury mit ihrem artenreichen tropischen Pflanzenwuchs zum Pflichtprogramm.

Nur wenige Kilometer vom Meer entfernt zeigt sich die Riviera dei Fiori hingegen von einer vollkommen anderen Seite: Einsame Täler und Berglandschaften, die sich bis auf über 2000 Meter erheben, bestimmen das Landschaftsbild, dazwischen findet man verwinkelte Bergdörfer, wie beispielsweise Baiardo und Apricale, in denen die Zeit stehengeblieben zu sein scheint.

Die Giardini Hanbury, botanische Gärten zur Akklimatisierung exotischer Pflanzen, sind Beweis für das milde Klima der Riviera dei Fiori.

Apricale ■ B 5/B 6

600 Einwohner

Wer von Isolabona nach Apricale fährt, sieht das Bergdorf von seiner schönsten Seite: Wie übereinandergestapelt kleben die Häuser an einem über dem Tal des Merdanzo thronenden Felssporn. Eine schmale Gasse führt zum zentralen Dorfplatz Vittorio Emanuele empor, der von der Pfarrkirche **Purificazione di Maria** und dem gegenüberliegenden **Oratorium** umrahmt wird. Auffallend sind die zahlreichen Wandmalereien, die über den ganzen Ort verteilt sind; sie stammen aus den 60er Jahren, als man Apricale mit Darstellungen ländlichen Alltags und Arbeitslebens zu verschönern versuchte. Interessant ist ein Besuch im August: Mehrere Abende lang findet ein anspruchsvolles Theaterfestival statt. Als Besonderheit wird das jeweilige Stück an verschiedenen Plätzen des Ortes gespielt, so daß man durch das Dorf wandern muß, um alle Akte sehen zu können.

Baiardo ■ B 5

400 Einwohner

Nur 20 km von San Remo entfernt, und doch dem bunten Küstentreiben völlig entrückt, liegt Baiardo. Von dem in einer Höhe von 900 m gelegenen Ort scheinen die Gipfel der Seealpen zum Greifen nah. Das einst recht stolze, von dichten Pinienwäldern umgebene Bergdorf konnte sich von den Folgen eines Erdbebens (1887) nur schwer erholen. Viele Bewohner sahen nach der Zerstörung ihres gesamten Besitzes keine Zukunft mehr in der abgeschiedenen Bergwelt und verließen ihre Heimat. Wegen des im Sommer angenehm milden Klimas ist Baiardo in den letzten Jahren zu einer beliebten Sommerfrische avanciert.

Balzi Rossi ■ A 6

Die kurz vor der französischen Grenze unterhalb des Dorfes Grimaldi gelegenen Grotten gehören zu den bedeutendsten prähistorischen Fundstätten Europas. Die Ausgrabungen förderten neben rund 15 000 bis 20 000 Jahre alten menschlichen Skeletten auch bemerkenswerte Grabbeigaben zutage. Spektakulär war aber vor allem der Fund in der **Grotta dei Fanciulli**. Die beiden dort entdeckten Skelette eines Jünglings und einer alten Frau unterscheiden sich deutlich von den bis dato bekannten Crô-Magnon-Typen, denn sie weisen deutlich negroide Merkmale auf. Der Fund veranlaßte die Forschung zum Umdenken, da seither von einem weiteren in Europa verbreiteten Menschentypus ausgegangen werden muß. Die Grabbeigaben und der Schmuck lassen darauf schließen, daß sich beide Menschentypen auf der gleichen Kulturstufe befunden haben. Ungewöhnlich war allerdings die Beerdigung in Hockstellung.

Ein Teil der Funde ist auf dem Gelände in dem kleinen, 1898 von Thomas Hanbury gegründeten **Museo Nazionale Preistorico dei Balzi Rossi** ausgestellt. Eine Besichtigung der Grotten, die hinter dem Museum liegen, ist eher enttäuschend. Interessierte sollten sich zu einem Besuch der prähistorischen Museen von Menton und Monaco entschließen, da dort die bedeutendsten Fundstücke von Balzi Rossi ausgestellt sind.

Di–So 9–13 und 14.30–19.30 Uhr
Eintritt 4000 Lit.

Essen und Trinken

Balzi Rossi
Das bei den gleichnamigen Grotten gelegene Restaurant von Andrea und Giuseppina Beglia gilt als der Feinschmeckertempel im Westen Liguriens. Die ausgezeichnete Küche und die distinguierte Atmosphäre locken auch zahlreiche Gäste aus dem nahen Frankreich an.
Ponte S. Ludovico
Tel. 01 84/3 81 32
Mo geschl., Di nur abends geöffnet
Luxusklasse (AE, DC, EC, Visa)

Bordighera

B 6

12 000 Einwohner

Der traditionsreiche Kurort an der Riviera dei Fiori hat sich sein elegantes Flair weitgehend bewahren können. Englische Adelige sind unter den Feriengästen zwar kaum mehr auszumachen, doch erinnert noch heute eine Vielzahl stattlicher Gebäude an jene glanzvollen Zeiten, als vermögende Engländer nach Bordighera reisten und hier eine Art Kolonie gründeten. Angelockt durch den mittlerweile vergessenen Liebesroman »Il Dottor Antonio« von Giovanni Ruffini, dessen Schauplatz die Riviera bei Bordighera ist, strömten die Nordländer so zahlreich herbei, daß sie gegen Ende des 19. Jh. die Bevölkerungsmehrheit ausmachten. Der Pastor Clarence Bicknell, das wohl bekannteste Mitglied der englischen Kolonie, gründete in Bordighera ein archäologisches Forschungszentrum, in dem er seine am – seit 1947 französischen – Mont Bégo gemachten Kopien der dortigen Ritzzeichnungen aufbewahrte. Die noch heute existierende Bibliothek Bricknell besitzt eine der umfangreichsten Sammlungen zum Thema Archäologie in ganz Europa.

Jenseits der vornehmen Villenviertel thront auf einem Hügel über dem Capo Sant'Ampelio das pittoreske historische Zentrum Bordhigeras. Umgeben von einer Stadtmauer und drei Toren bilden

Die zwei Kilometer lange Strandpromenade von Bordighera ist sommers wie winters ein beliebter Treffpunkt.

die verwinkelten Altstadtgassen einen spannungsreichen Kontrast zu den wie mit dem Lineal gezogenen Straßen des modernen Stadtteils. Das Rathaus wurde übrigens von Charles Garnier, dem Erbauer der Pariser Oper, errichtet, der in Bordighera ein Ferienhaus besaß.

Hotel

Parigi
Das ausgesprochen freundlich geführte Traditionshotel liegt direkt an der Strandpromenade.
Lungomare Argentina 18
Tel. 01 84/26 14 05, Fax 26 04 21
52 Zimmer
Obere Preisklasse (AE, DC, EC, Visa)

Sehenswertes

Giardino Esotico Pallanca
In dem exotischen Kakteengarten gedeihen mehr als 3000 verschiedene Sukkulentenarten.
Via Cornice dei due Golfi 16
Tgl. 9–12 und 15–17, im Sommer bis 19 Uhr

Essen und Trinken

Chez Louis
Ambitionierte Trattoria im modernen Zentrum von Bordighera. Empfehlenswert sind der Fischcarpaccio sowie die Langustenmedaillons.
Corso Italia 30
Tel. 01 84/26 16 02
Di in der Nebensaison geschl.
Obere Preisklasse (AE, DC, EC, Visa)

Service

Auskunft

IAT
Via Roberto 1
18012 Bordighera
Tel. 01 84/26 23 22, Fax 26 44 55

Bussana Vecchia

B 6

TopTen 3

Aus der Entfernung scheint sich das auf einem Ausläufer der Seealpen thronende Bussana Vecchia nicht wesentlich von anderen ligurischen Dörfern zu unterscheiden. Man vermutet rund um den barocken Kirchturm eine typisch italienische Dorfidylle, doch sobald man sich Bussana Vecchia bis auf wenige 100 Meter genähert hat, wird der Unterschied augenfällig. Leere Fensteröffnungen und bröckelnde Fassaden lassen auf ein Geisterdorf schließen. Und richtig: Im Februar 1887 wurde das gesamte Dorf von einem Erdbeben zerstört, 54 Menschen fanden in den Trümmern den Tod. Die von der Katastrophe geschockten Überlebenden zogen an die Küste hinunter und überließen ihr altes Dorf dem weiteren Verfall.

Als nach dem Zweiten Weltkrieg süditalienische Arbeiter hier eine neue Heimat suchten, wurden sie noch radikal vertrieben, die erhaltenen Treppen und Decken ließ die zuständige Behörde gar einreißen, um das Dorf gänzlich unbewohnbar zu machen. Mehr Glück hatten in den 60er Jahren ein paar von der Ruinenatmosphäre faszinierte Künstler, die sich in Bussana Vecchia niederließen. Nach und nach entstand um den Turiner Maler und Schriftsteller Clizia eine Künstlerkolonie. Schutt wurde beiseite geräumt, brüchige Mauern und Gewölbe abgestützt, die am besten erhaltenen Häuser reparierten die neuen Bürger notdürftig, um sie als Ateliers nutzen zu können. Da sich von der Kunst allein bekanntlich schlecht leben läßt, fand sich in den Häusern der Maler, Bildhauer und Töpfer noch Platz für eine Galerie oder einen Verkaufsraum.

Cervo ■ C 5

1300 Einwohner

Wer gerne durch pittoreske mittelalterliche Gassen schlendert, sollte unbedingt einen Besuch in Cervo einplanen. Überragt wird das mauerbewehrte Küstenstädtchen von der weithin sichtbaren Barockkirche **San Giovanni Battista**, die mit ihrer prachtvollen Schaufassade dem Meer zugewandt ist. Der aufwendige Sakralbau mit dem schlanken Campanile wurde durch die üppigen Einkünfte der örtlichen Korallenfischer finanziert. Im Sommer dient der lauschige Vorplatz als Bühne für ein Kammermusikfestival.

Museum

Museo Etnografico del Ponente Ligure
In der Festung ist das Heimatmuseum von Cervo untergebracht. Es informiert über die lokale Handwerker- und Korallenfischertradition sowie den regionalen Schiffbau.
Piazza Santa Caterina 1
Tgl. 9.30–13 Uhr und 16–19.30 Uhr
Eintritt frei

Dolceacqua ■ B 6

1850 Einwohner

Dank seiner grazil geschwungenen Brücke über den Fluß Nervia und der dahinter emporragenden Burgruine gehört Dolceacqua zu den meistfotografierten Orten an der ligurischen Küste. Kein Geringerer als Claude Monet soll hier, von dem Szenario fasziniert, seine »Freude am Malen wiederentdeckt« haben. Die Brücke (Spannweite 33 m) verbindet den mittelalterlichen **Borgo nuovo** mit dem zu Füßen der Burg gelegenen etwas älteren, **Terra** genannten Stadtteil, der durch ein schier unüberschaubares Geflecht von Treppenwegen und Gassen begeistert. Dolceacqua ist aber nicht nur ein beliebtes Ausflugsziel, sondern auch das landwirtschaftliche Zentrum des Nerviatals. In der Umgebung reifen die Trauben für den Rossese di Dolceacqua.

Der Innenraum der barocken Kirche San Giovanni Battista in Cervo ist mit Stuckdekor geschmückt.

Unterkunft

Camping Delle Rose
Der wohl schönste Campingplatz im westlichen Ligurien liegt rund 5 km nördlich von Dolceacqua. Kleines, terrassiertes Areal mit viel Schatten, Swimmingpool und Restaurant. Einfache sanitäre Ausstattung.
Via Provinciale
18030 Isolabona
Tel. 01 84/20 81 30

Sehenswertes

Castello dei Doria
Die ursprünglich von den Grafen von Ventimiglia errichtete Burg befand sich jahrhundertelang im Besitz der Doria, die sie im 16. Jh. zu einem repräsentativen Wohnschloß ausbauten. Im Österreichischen Erbfolgekrieg wurde die Anlage 1746 schwer beschädigt, den Rest besorgte das Erdbeben von 1887. Heute dient die Ruine als pittoreske Kulisse für sommerliche Open-air-Veranstaltungen.
Tgl. außer Di 10–18 Uhr
Eintritt 5000 Lit.

Einkaufen

Der Rotwein Rossese di Dolceacqua D.O.C. genießt unter Weinkennern einen ausgezeichneten Ruf. In den zahlreichen **enoteche** wird der hiesige Rebensaft verkostet und verkauft. Erstklassiges Olivenöl findet man bei der **Cooperativa Olivicola Val Nervia** (Via Roma 10, Tel. 01 84/20 61 71).

Cristina Maccario
Erlesene Produkte aus biologischem Anbau. Neben Wein, Käse, Nudeln, Olivenöl, Obst und Gemüse, Tee und Kaffee gehören auch Kosmetikartikel zum Sortiment.
Via Patrioti Martiri 56
Tel./Fax 01 84/20 68 51
Tgl. außer So 8.30–12.30 Uhr und 16–19.30 Uhr, Mi nachmittag geschl.

Im dichten Geflecht der Gassen von Dolceacqua überraschen den Besucher Wandmalereien .

Giardini Hanbury ■ A 6

Zwischen Ventimiglia und der französisch-italienischen Grenze liegt bei dem kleinen Dorf **Mortola Inferiore** der berühmte Hanbury-Park, eine phantastische Gartenanlage, die Sir Thomas Hanbury von 1867 an zur Akklimatisierung tropischer Pflanzen anlegen ließ. Hoch über dem Meer errichtete er sich zudem eine Villa, halb im florentinischen, halb im maurischen Stil. Schon wenige Jahrzehnte später galt der exotische Park des im Orienthandel reich gewordenen Botanikliebhabers als der schönste in ganz Europa. Kriegszerstörungen und anschließende jahrzehntelange Vernachlässigung haben der Anlage schweren Schaden zugefügt. Obwohl der seit 1960 dem italienischen Staat gehörende Garten seine einstige Pracht bisher noch nicht wieder erreichen konnte, faszinieren die außerordentliche Artenvielfalt und der üppige Pflanzenwuchs.

TopTen 1

Tgl. 9–18 Uhr
Eintritt 8500 Lit., ermäßigt 4500 Lit.

Während Sir Thomas Hanbury den botanischen Bestand der Gärten förderte, konzentrierte sich seine Frau auf ihre architektonische Ausgestaltung.

Imperia ■ C 5/C 6

42 000 Einwohner

Imperia präsentiert sich als zweigeteilte Stadt: Die beiden ungleichen Stadtteile Porto Maurizio und Oneglia wurden 1923 per Dekret vereint und sind seither nur widerwillig zusammengewachsen. Jahrhundertelang trennte der namensgebende Fluß Impero die ehemals verfeindeten Gemeinden: Während das auf einer Anhöhe westlich des Flusses gelegene Porto Maurizio stets mit der mächtigen Seerepublik Genua verbündet war, nutzten die Herzöge von Savoyen Oneglia als Zugang zum Mittelmeer. Im Zeitalter der Napoleonischen Kriege begeisterten sich die Bürger von Porto Maurizio für das revolutionäre Gedankengut, während in Oneglia der Franzosenhaß offen zutage trat. Selbst in touristischer Hinsicht sind deutliche Unterschiede zwischen den beiden Stadtteilen auszumachen. Die Sehenswürdigkeiten konzentrieren sich fast ausschließlich in Porto Maurizio, das rund um den klassizistischen **Duomo San Maurizio** mit einer attraktiven Altstadt und stattlichen Bürgerhäusern, wie beispielsweise dem gotischen **Palazzo Pagliari**, aufwarten kann; in dem von Industrie und modernen Zweckbauten geprägten Oneglia reizen einzig der Besuch des **Olivenmuseums** und ein kurzer Bummel durch die arkadengesäumten Einkaufsstraßen in der Nähe der **Piazza Dante**.

Hotel

Costa
Einfaches, kleines Hotel am Rande der Altstadt von Porto Maurizio.
Via Cascione 184
Tel. 01 83/6 13 48
9 Zimmer
Untere Preisklasse (DC)

Sehenswertes

Duomo San Maurizio
Der die Silhouette von Porto Maurizio bestimmende Dom hebt sich durch seine frühklassizistische Architektur und seine imposanten Ausmaße von anderen ligurischen Sakralbauten ab. Ende des 18. Jh. vermeinte die prosperierende Hafenstadt, ihre gestiegene wirtschaftliche Bedeutung durch einen Kirchenneubau zum Ausdruck bringen zu müssen. Die Pläne für den Dom mit seinem Säulenportikus stammen von dem lombardischen Architekten Gaetano Cantoni; der 1781 begonnene Bau geriet allerdings durch die Wirren der Französischen Revolution ins Stocken und wurde erst 1832 abgeschlossen.

Museen

Museo Navale
Das gleich neben dem Dom gelegene Museum widmet sich der großen Vergangenheit der christlichen Seefahrt. Für Freunde von Schiffsmodellen und Navigationskarten.
Piazza Duomo 11
Mi und Sa 15–19.30 Uhr
Eintritt frei

Museo dell'Olivo
Im Industriegebiet von Oneglia hat die im Olivenölhandel tätige Firma Fratelli Carli ein überaus interessantes Museum eingerichtet, das sich in didaktisch hervorragender Weise mit der Kulturgeschichte des Olivenanbaus auseinandersetzt. In einer zum Museum umfunktionierten Jugendstilvilla wird der Herstellungsprozeß von der Ernte bis zum fertigen Produkt erläutert.
Via Garessio
Tgl. außer Di und So 9–12 Uhr und 15–18 Uhr, im Nov. geschl.
Eintritt frei

Essen und Trinken

Caffè Vittorio
Traditionscafé mit riesiger Kuchenauswahl.
Viale G. Matteotti 10

Laterna Blu
Das im Stadtteil Porto Maurizio gelegene Restaurant bietet feinste Küche in einem außergewöhnlichen Ambiente. Ein Michelin-Stern!
Via Scarincio 32
Tel. 01 83/6 38 59
Di und Mi nachm. geschl.
Obere Preisklasse (AE, DC, EC, Visa)

Sciabecco
Pizza vom Feinsten! Salvatore Saiola wurde bereits zweimal von der Pizzabäckervereinigung zum Europameister gekürt. Berühmt ist seine **Pizza mediterranea**: eine duftende Kreation aus hauchdünnem, knusprigem Teig mit Tomaten, Knoblauch, Basilikum und Oregano.
Via Nizza 33
Tel. 01 83/6 19 21
Nur abends geöffnet, Mi geschl.
Mittlere Preisklasse (EC, Visa)

Service

Auskunft

IAT
Viale Matteotti 37
18100 Imperia
Tel. 01 83/66 01 40, Fax 66 65 10

Laghetti di Rocchetta Nervina ■ A 5/B 5

→ Routen und Touren, S. 109

Monte Bignone ■ B 6

Der zwischen der Küste und Baiardo gelegene Monte Bignone (1299 m) ist der Hausberg von San Remo. In vorrömischer Zeit wurde der Monte Bignone von den Ligurern als Fliehburg genutzt; archäologische Funde lassen auf eine kontinuierliche Besiedlung bis in die Spätantike schließen. Bis in die 60er Jahre führte eine Seilbahn von San Remo auf den Gipfel, heute muß man sich des Autos bedienen, um den phantastischen Rundblick genießen zu können.

Pigna ■ B 5

1000 Einwohner

Pigna ist ein typisch ligurisches Bergstädtchen mit engen, oftmals von Bögen überspannten Gassen, die durch Treppenwege miteinander verbunden sind und das Zentrum ringförmig einkreisen. Von der Ferne gleicht Pigna mit seinen scheinbar übereinandergestapelten Häusern einem riesigen Pinienzapfen, weswegen der Ort auch diesen Namen erhalten haben soll (**pigna** = Pinienzapfen). Traditioneller Dorfmittelpunkt ist die **Loggia della Piazza Vecchia**, wo in früheren Zeiten Recht gesprochen wurde. Fast ebenso malerisch liegt das gegenüberliegende **Castel Vittorio**, dessen Häuser sich um den hoch aufragenden Turm der barockisierten Pfarrkirche Santo Stefano scharen.

Sehenswertes

San Michele
Die weitgehend spätgotische Säulenbasilika schmückt eine schön gearbeitete Fensterrose aus weißem Marmor mit original erhaltenen Glasfenstern aus dem 15. Jh. Sehenswert sind zudem die Altargemälde sowie die farbenfrohen Passionsfresken im rechten Seitenschiff (1482); beide stammen von dem Piemontesen Giovanni Canavesio, der auch die nahe Wallfahrtskapelle **Notre-Dame-des-Fontaines** (→ Routen und Touren, S. 100) mit ausgemalt hat.

MERIAN-TIP

Gloria Rossi lädt zum Schlemmen Das Hotel **Terme** liegt abgeschieden nördlich von Pigna, doch die Kochkünste von Gloria Rossi lohnen den Umweg ins obere Nerviatal. Im Speisesaal des aus den sechziger Jahren stammenden Hotels wird eine vorzügliche ländliche Küche serviert, die auch mit renommierten Gourmetrestaurants keinen Vergleich scheuen muß, und das zu einem ausgezeichneten Preis-Leistungs-Verhältnis. Zur Auswahl stehen täglich zwei günstige Menüs, für jeweils zwei Personen, ansonsten bestellt man à la carte. Via Madonna Assunta, Tel. 01 84/24 10 46, Di abend und Mi geschl., im Juli und Aug. kein Ruhetag, Mittlere Preisklasse (EC, Visa) ■ B 5

San Remo ■ B 6

60 000 Einwohner
Stadtplan → S. 93

San Remo ist die unumstrittene Tourismusmetropole der Blumenriviera (**Riviera dei Fiori**); das renommierte Schlagerfestival, der Radrennklassiker »Mailand – San Remo« und andere internationale Veranstaltungen haben zu diesem Ruf beigetragen. Nicht zu vergessen: das Spielkasino sowie das vielfältige Sportangebot, angefangen vom Golfplatz bis hin zu einem exklusiven Reit- sowie Tennisclub. Der Blumenmarkt von San Remo ist der größte in ganz Italien. Schnittblumen werden nicht im Dutzend, sondern gleich zentnerweise verkauft.

Noch immer zehrt San Remo vom Flair der Belle Epoque, als sich wohlhabende Aristokraten und Industrielle an der vom Klima verwöhnten Riviera tummelten. Die ersten Luxushotels, wie das noch heute existierende Londra am Corso Matuzia, wurden ab 1860 errichtet. Zu der illustren Gästeschar, die sich damals in San Remo ein Stelldichein gab, gehörten gekrönte Häupter wie die russische Zarin Maria Alexandrowna und der an Kehlkopfkrebs leidende deutsche Kronprinz und spätere 99-Tage-Kaiser Friedrich Wilhelm, der hier 1888 den letzten Winter seines Lebens verbrachte. Wenig später entdeckte auch Alfred Nobel seine Liebe zu San Remo. Der schwedische Naturwissenschaftler, Erfinder des Dynamits und Stifter des nach ihm benannten Nobelpreises, ließ sich an der Rivieraküste sein Alterdomizil als exzentrische Jugendstilvilla mit maurischen Elementen errichten. Die Villa wird seit 1973 für kulturelle Veranstaltungen genutzt.

Auch Weltgeschichte wurde hier geschrieben: Zwei Jahre nach Ende des Ersten Weltkrieges bestanden die Siegermächte in einer in San Remo abgehaltenen Konferenz auf der Umsetzung der Versailler Verträge.

Das Spielkasino von San Remo wurde 1905 eröffnet und zieht seither zahlungswillige Besucher an.

Spaziergang

Ein guter Ausgangspunkt für einen Stadtspaziergang ist das mächtige **Forte di Santa Tecla**, das die Genueser dem aufmüpfigen San Remo 1753 nach einer gescheiterten Revolte vor die Nase setzten. Parkplätze sind bei der Festung sowie am Bahnhof vorhanden. Nur fünf Fußminuten entfernt, am Corso Matteotti, befindet sich der frühbarocke **Palazzo Borea d'Olmo**, der das archäologische Museum der Stadt beherbergt. Nach diesem Ausflug in die römische und mittelalterliche Geschichte steht nun ein kurzer Einkaufsbummel sowie ein Abstecher ins San Remo der Jahrhundertwende auf dem Programm. Unterhalb des Corso Matteotti und nördlich des nach der Zarin Maria Alexandrowna benannten **Corso Imperatrice**, einer vornehmen Flaniermeile, erstreckt sich die mondäne Neustadt, deren bekannteste Attraktionen das **Casino Municipale** und die russisch-orthodoxe **Chiesa San Basilio** sind.

Über die schmale Via F. Corradi gelangt man auf die äußerst lebendige Piazza Eroi Sanremesi, deren markantestes Bauwerk der aus dem 13. Jh. stammende **Duomo San Siro** mit dem vorgelagerten Baptisterium ist. Durch das verschachtelte historische Zentrum geht es hinauf zur barocken Wallfahrtskirche **Santuario della Madonna della Costa**; von dort oben bietet sich ein schöner Blick.

Die **pigna** genannte Altstadt mit ihren bröckelnden Fassaden hinterläßt noch heute einen ähnlich maroden und dennoch charmanten Eindruck, wie ihn bereits Klaus und Erika Mann in den 30er Jahren beschrieben haben: »... winklig, düster und voll pittoreskem Gerümpel.« Über die Piazza Colombo führt der Weg wieder hinunter zum Ausgangspunkt. Zum Abschluß bietet sich die Mole des neben dem Forte di Santa Tecla gelegenen alten Hafenbeckens an, um noch ein wenig vom Glanz längst vergangener Tage zu träumen.

Zwiebeltürme krönen die russisch-orthodoxe Kirche San Basilio in San Remo.

Hotels/andere Unterkünfte

Royal ■ a 3
Traditionsreiches Nobelhotel in unmittelbarer Nähe des Kasinos. Erfrischung bietet der hauseigene Meerwasserpool, Ruhe und Erholung der üppige botanische Garten.
Corso Imperatrice 80
Tel. 01 84/53 91, Fax 66 14 45
147 Zimmer
Luxusklasse (AE, DC, EC, Visa)

Villa Maria ■ a 3
Zentral gelegenes Haus mit Garten und Restaurant.
Corso Nuvoloni 30
Tel. 01 84/53 14 22
38 Zimmer
Obere Preisklasse (EC, Visa)

Eden
Stilvolles Herrschaftshaus aus dem 19. Jahrhundert mit Swimmingpool.
Via Solaro 4
Tel. 01 84/66 17 01, Fax 66 62 79
116 Betten
Mittlere/Obere Preisklasse (AE, EC, Visa)

Sehenswertes

Duomo San Siro ■ b 2
Die anstelle eines frühchristlichen Sakralbaus errichtete Bischofskirche besteht weitgehend aus romanischen und gotischen Stilelementen, auffällig ist der offene Dachstuhl im Langhaus. Bei einer umfangreichen Renovierung wurden die barocken Veränderungen des 17. und 18. Jh. rückgängig gemacht, die Fassade ersetzte man ab 1901, nur die Rosette blieb original erhalten. Das große hölzerne Kruzifix am Hauptaltar ist ein Werk von A. Maria Maragliano.

San Basilio ■ a 3
Die von Zwiebeltürmen gekrönte russisch-orthodoxe Kirche wurde 1913 von der russischen Gemeinde in Erinnerung an die Zarin Maria Alexandrowna errichtet. Sie ähnelt der Sankt-Blasius-Kathedrale in Moskau und verleiht dem Corso Imperatrice einen exotischen Touch.
Di, Do und Sa 15–18.30, So nur 9–12 und 15–18.30 Uhr

MERIAN-TIP

Schmausen nach Art der Sanremesen Schmackhafte und günstige Hausmannskost findet man in einem alten Weinkeller, den **Cantine Sanremesi**. Neben der obligatorischen Minestrone gibt es ein täglich wechselndes Hauptgericht, dazu wird ein leckeres selbstgebackenes Brot gereicht. Wer will, kann auf den schlichten Hockern auch einfach nur ein Glas Wein trinken und ein Stück Pizza oder Foccacia bestellen. Abends Vorbestellung empfohlen. Via Palazzo 7, Tel. 01 84/57 20 63, So geschl., Untere Preisklasse ■ b 2

Museum

Civico Museo Archeologico c 2
In den herrschaftlichen Räumen des Palazzo Borea d'Olmo werden frühgeschichtliche und römische Funde aus San Remo und der Umgebung sowie regionale Meister gezeigt. Eine Abteilung des Museums widmet sich dem Andenken Giuseppe Garibaldis. Beachtung verdienen auch die aus dem späten 17. Jh. stammenden Deckengemälde von Giovanni Battista Merano.
Corso Matteotti 143
Di–Sa 9–12 und 15–18,
So 9–12.30 Uhr
Eintritt 4000 Lit.

Essen und Trinken

Il Bagatto c 2
Das in einem kleinen Stadtpalast aus dem 15. Jh. untergebrachte Restaurant bemüht sich um die klassische ligurische Küche. Mit Kaninchen oder Ziegenbraten mit Thymian läßt man die ländlichen Traditionen aufleben. Klimatisierte Räumlichkeiten.
Corso Matteotti 145
Tel. 01 84/53 19 25
So geschl., Mitte Juni–Mitte Juli Betriebsferien
Obere Preisklasse (AE, EC, Visa)

Nuovo Piccolo Mondo c 2
Beliebte Trattoria im Herzen von San Remo. Aufgrund der ausge-

zeichneten Regionalküche und der angenehmen Atmosphäre, die in den in freundlichem Gelb gehaltenen Gasträumen herrscht, ist es nicht immer leicht, ohne rechtzeitige Reservierung einen Platz zu finden. Zu loben sind die günstigen offenen Weine und die breite Auswahl an edleren Tropfen.
Via Piave 7
Tel. 01 84/5 09 90 12
So, Mo und im Juli geschl.
Mittlere Preisklasse (AE, DC, EC, Visa)

Paolo e Barbara
Das von einem freundlichen jungen Paar geführte Restaurant hat sich bereits einen Michelin-Stern erworben.
Via Roma 47
Tel. 01 84/53 16 53
Di und Mi geschl.
Obere Preisklasse (AE, DC, EC, Visa)

Einkaufen

Mercato dei Fiori ■ c 2
An jedem Morgen, kurz nach Sonnenaufgang, beginnt der berühmte Blumenmarkt hinter der Rokokokirche Santa Maria degli Angeli auf der Piazza Colombo. Frühaufsteher erwartet ein farbenprächtiges Blumenmeer aus den heimischen Gewächshäusern.

Am Abend

Casino Municipale ■ a 3/b 3
Im pompösen und berühmtesten Spieltempel Italiens hat schon so manch unvorsichtige Spielernatur bei Roulette und Black Jack seine gesamte Urlaubskasse verspielt.
Corso Imperatrice
Tgl. ab 15 Uhr

Service

Auskunft

APT ■ a 3
Largo Nuvoloni 1
18038 San Remo
Tel. 01 84/57 15 71, Fax 50 76 49

In den Gewölben der Cantine Sanremesi wird gute Hausmannskost serviert.

Seborga ■ B 6

350 Einwohner

Knapp 10 km von Bordighera entfernt thront das altertümliche Bergdorf in einer Höhe von rund 600 m über der Küste. Wer sich die beschwerliche Straße emporgewunden hat, wird mit einem phantastischen Panoramablick belohnt. Das kleine Bergnest gehörte von 959 an fast 800 Jahre lang dem auf einer Insel vor Cannes gelegenen Benediktinerkloster Saint-Honorat und wurde von dessen Abt als autonomes Fürstentum regiert. Die Herrschaft der Äbte endete erst, als das Kloster Seborga 1729 mehr oder weniger freiwillig an den König von Savoyen abtrat.

Taggia ■ B 6

15 000 Einwohner

Aufgrund seiner schönen Lage und seines außerordentlich gut erhaltenen historischen Ortskerns gehört Taggia zu den sehenswertesten Orten an der Riviera di Ponente. Ausgehend von einer Burg, entstand im 11. Jh. eine imposante, durch zahlreiche noch erhaltene Tore befestigte Stadt, die zum besseren Schutz vor Sarazenenüberfällen im leichter zu verteidigenden Hinterland errichtet wurde.

Auf engem Raum drängen sich malerische, von Schwibbögen überspannte Treppengassen zusammen, die sich hin und wieder zu kleinen, beschaulichen Plätzen öffnen. Doch gibt es auch arkadengesäumte Straßen mit stattlichen Adelspalästen, deren üppig dekorierte Portale ebenso wie die zahlreichen Kirchen noch vom einstigen Reichtum der Stadt künden. Die Hauptattraktion von Taggia ist neben dem Dominikanerkloster **San Domenico** eine rund 260 m lange mittelalterliche Steinbrücke, die, auf 16 Rundbögen gestützt, einen zumeist recht beschaulich wirkenden Fluß namens Argentina überspannt. Die beiden östlichsten Bögen ruhen sogar noch auf römischen Fundamenten! Lohnenswert ist zudem ein Aufstieg zu den nur von außen zu besichtigenden Ruinen eines **Castellos**, da sich von dem Hügel ein umfassender Blick über das gesamte Tal bietet.

Zur Gemeinde Taggia gehört auch der 4 km entfernte Küstenort **Arma di Taggia**, der sich allerdings als wenig attraktives Seebad präsentiert.

Sehenswertes

Convento San Domenico

Das 1460 gegründete, südlich der Altstadt gelegene Dominikanerkloster zählt zu den kunst- und kulturhistorisch bedeutsamsten Sakralbauten Liguriens. Der Klosterkomplex wurde von lombardischen Baumeistern noch weitgehend im gotischen Stil errichtet, im einschiffigen Kirchenraum schafft die schwarz-weiße Bänderdekoration eine feierliche Atmosphäre. In der von zwei Seitenkapellen flankierten Hauptapsis ist die sogenannte Schutzmantelmadonna von Ludovico Brea zu bewundern. Außerdem besitzen die Dominikanerbrüder weitere wertvolle Tafelbilder und Fresken von Ludovico und Francesco Brea sowie anderen bedeutenden ligurischen Künstlern wie Bernardino Campi und Nicolò Corso, deren Werke in der Kirche und einem als Museum genutzten Saal zu sehen sind. Die Wände des von einer markanten Palme optisch dominierten Kreuzgangs sind mit Fresken zur Lebensgeschichte des hl. Dominikus bemalt.

Tgl. außer Do und So 9–12 und 15.30–17 Uhr

Eintritt frei

Ventimiglia

■ A 6/B 6

27 000 Einwohner

Das von dem Fluß Roya geteilte Grenzstädtchen Ventimiglia ist für diejenigen, die über Frankreich anreisen, das Tor zu Ligurien. Ursprünglich war Ventimiglia die Hauptstadt der Intemelier, ein 180 v. Chr. von den Rämern unterworfener Ligurerstamm. Die siegreichen Römer ließen sich am östlichen Ufer der Roya nieder und gründeten eine neue Stadt, der sie den Namen **Albium Intemelium** gaben. Verkehrsgünstig an der nach Gallien führenden Via Aurelia gelegen, entwickelte sich die Stadt schnell zu einem lebendigen Provinzzentrum. Seine zweite Glanzzeit erlebte Ventimiglia im Mittelalter, als die gleichnamigen Grafen weite Teile der ligurischen Küste beherrschten und auf einer Anhöhe am rechten Ufer der Roya residierten. Stattliche Patrizierhäuser, der ehrwürdige Dom und das mit diesem verbundene Baptisterium sowie Reste der Stadtbefestigung und eine Burgruine erinnern noch an jene bedeutende Epoche. Damals wie heute fungiert die von zahlreichen Geschäften gesäumte Via Garibaldi als Hauptachse der Altstadt. Das Einkaufs- und Geschäftsleben spielt sich seit langem aber in der am linken Ufer gelegenen Neustadt ab. Ausflüge in das grenznahe Menton und das Fürstentum Monaco bieten sich an.

Hotel/andere Unterkunft

Calypso
Erst kürzlich renoviertes Hotel, zentral, aber ruhig gelegen. Zum Meer sind es gerade mal 100 m. Parkmöglichkeiten vorhanden.
Via Matteotti 8
Tel. 01 84/35 27 42, Fax 35 15 88
31 Zimmer
Mittlere Preisklasse (AE, EC, Visa)

Cavour
Einfache, gepflegte Pension.
Via Cavour 3
Tel. 01 84/35 13 66
8 Zimmer
Untere/Mittlere Preisklasse

Ruhige Sommernachmittage im Stadtpark von Ventimiglia.

Sehenswertes

Römisches Theater
Ventimiglia besitzt noch mehrere Zeugnisse seiner römischen Vergangenheit. Das 1877 bei den Arbeiten an der Bahnlinie im Osten der Stadt entdeckte römische Theater (2. Jh.) zählt in seinem jetzigen Zustand und seiner Lage neben den Gleisen zwar nicht zu den schönsten seiner Art – nur noch wenige halbkreisförmig angeordnete Sitzreihen und Reste der Bruchsteinmauern sind erhalten –, doch vermittelt die einst 5000 Zuschauer fassende Anlage einen guten Eindruck von der Größe des römischen Albium Intemelium. In der Nähe sind zudem noch die freigelegten Grundmauern einiger römischer Häuser zu sehen. In ein paar Jahren soll ein geplanter Museumsneubau über die römische Vergangenheit informieren, derzeit muß man sich mit einem Blick über die Mauern begnügen.

Santa Maria Assunta
Die Kathedrale von Ventimiglia ist ein dreischiffiger romanischer Bau mit einem fensterlosen tonnengewölbten Mittelschiff und kreuzrippengewölbten Seitenschiffen. Die unbekannten Baumeister haben sich wahrscheinlich an der Zisterzienserarchitektur der provenzalischen Klöster Le Thoronet und Sénanque orientiert. Die Krypta stammt eventuell noch aus karolingischer Zeit und birgt die Reliquien des hl. Secondo, dem die Kirche ursprünglich geweiht war. An die Nordapsis der Kathedrale schließt sich das ursprünglich freistehende Baptisterium mit einem hierfür typischen oktogonalen Grundriß an.

Museum

Civico Museo Archeologico Gerolamo Rossi
Vom Forte dell'Annunziata wurde einst die Küste beherrscht, heute beherbergt die trutzige Festung archäologische Funde aus Ventimiglia und der näheren Umgebung.
Di–So 9–12.30 und 15–17 Uhr
Eintritt 5000 Lit.

Essen und Trinken

Marco Polo
Direkt an der Uferpromenade verbirgt sich hinter einer schlichten Holzfassade dieses angenehme Restaurant. Vorzüglich zubereitet sind die Fischgerichte wie beispielsweise Seebarsch oder Steinbutt.
Passeggiata Cavalotti
Tel. 01 84/3 56 78
Mo geschl.
Obere Preisklasse (AE, EC, Visa)

Einkaufen

Der Freitagsmarkt von »XXmiglia« – so eine beliebte, auch auf Verkehrsschildern Verwendung findende Abkürzung des Stadtnamens (XX = **venti** = 20) – ist zu Recht weit über die Stadtgrenzen hinaus für seine Vielfalt bekannt. Begleitet wird das bunte Markttreiben von einem sich allwöchentlich wiederholenden Verkehrschaos, manch einer findet erst in Bordighera einen Parkplatz. Wer kann, sollte daher mit dem Zug anreisen.

Service

Auskunft

IAT
Via Cavour 61
18039 Ventimiglia
Tel./Fax 01 84/35 11 83, Fax 35 11 83

Ins Royatal

Im Hinterland von Ventimiglia stößt man auf beeindruckende Zeugnisse der Vergangenheit.

Es sind gerade mal 20 Kilometer Luftlinie, die zwischen dem französischen Teil des Royatals und Ventimiglia mit seinen palmengesäumten Stränden liegen, aber tatsächlich trennen die beiden Regionen Welten. Während an der überfüllten italienischen Riviera die meisten Touristen träge in der Sonne liegen, lockt das Royatal mit unberührter Natur und zahlreichen schönen Bergdörfern. Ein Abstecher in diese Gegend bietet sich für Ligurienurlauber auch aus historischen Gründen an: Bis 1947 verlief die Grenze zwischen Frankreich und Italien nämlich mitten durch das obere Royatal. Erst durch eine Volksabstimmung, bei der der höhere französische Lebensstandard die ausschlaggebende Rolle spielte, wurde Tenda zu Tende und Frankreich um ein Stückchen größer.

Tor zum Royatal: Breil-sur-Roya

Das erste der sehenswerten Dörfer im Royatal ist das kurz hinter der Grenze gelegene **Breil-sur-Roya** mit seinen pastellfarbenen Häusern und einem Staudamm, der die Roya zu einem kleinen See verbreitert. In der sympathischen Altstadt von Breil-sur-Roya folgen die Straßenzüge in ihrem Verlauf weitgehend den landschaftlichen Gegebenheiten, Reste der Stadtmauer sowie das

Dank seiner spektakulären Lage ist Saorge eines der schönsten Orte im Royatal.

Tor Saint-Antoine sind noch erhalten. Das Bild der Stadt erinnert an die italienische Vergangenheit – mit der von Arkaden gesäumten Place de Briançon als Piazza des einstigen **Briga**.

Fährt man das Royatal ein paar Kilometer flußaufwärts, bietet sich von der zerklüfteten Schlucht ein imposanter Anblick: Hoch über dem Tal klebt der Ort **Saorge** an einem steil abfallenden Felshang. Die eng aneinanderlehnenden Häuser lassen nur schmale Durchgänge frei, die mit Treppen verbunden sind. Aus Platzgründen wurden die Häuser mehrfach aufgestockt, so daß sie von verschiedenen Ebenen aus betreten werden können.

Saorge, ein Dorf mit »übereinandergestapelten« Häusern

Ein Stück hinter St-Dalmas zweigt eine kleine Straße ab, die sich in Serpentinen emporwindet. Die Straße endet bei den ersten Häusern des Dorfes relativ unverhofft, man könnte glauben, hier am Ende der Welt zu sein. Da sich Fremde nur sehr selten hier hoch verirren, müssen Besucher damit rechnen, etwas verwundert zur Kenntnis genommen zu werden. In **Granille** gibt es weder Sehenswürdigkeiten noch einen Laden oder ein Restaurant – dafür begeistert die phantastische Aussicht auf das Tal der Roya.

Westlich von **St-Dalmas-de-Tende** befindet sich das größte europäische Freilichtmuseum für Frühgeschichte. Vor 4000 Jahren hat die keltoligurische Urbevölkerung in den Tälern rund um den als »Heiligen Berg« verehrten **Mont Bégo** begonnen, Zeichnungen in den Fels zu ritzen. Rund 30 000 Gravuren lassen sich im **Vallée des Merveilles** (Tal der Wunder) und im benachbarten **Vallée Fontanalbe** ausmachen. Zwischen Oktober und Mitte Juni sind die Felszeichnungen zumeist von einer Schneeschicht bedeckt, so daß im Grunde nur die Sommermonate Juli, August und September für Exkursionen geeignet sind. Als Ausgangspunkt für eine Wanderung ins Vallée des Merveilles – mindestens ein Tag ist zu veranschlagen – eignen sich der Lac des Mèsches sowie Castérino. Da die offiziellen Bergführer naturgemäß am besten über die Lage der schönsten Felszeichnungen Bescheid wissen, ist es von Vorteil, sich einer geführten Wanderung anzu-

Prähistorische Felszeichnungen im Vallée des Merveilles

schließen. In der übrigen Jahreszeit muß man mit dem erst unlängst in Tende eröffneten **Musée des Merveilles** (tgl. außer Di 10.30–18.30 Uhr) vorlieb nehmen. Von den Felsen mit den bedeutendsten Felszeichnungen wurden originalgetreue Abgüsse gemacht und hier ausgestellt. Zudem wurde die mehrfach beschädigte Stele des »Stammeshäuptlings« abgetragen und ins Museum gebracht, um sie vor weiteren Zerstörungen zu schützen.

La Brigue

Auf die kunsthistorisch bedeutsamste Sehenswürdigkeit der Region stößt man in einem kleinen, abgelegenen Tal, vier Kilometer hinter der Ortschaft **La Brigue**. Von außen würde wohl niemand in der schlichten einschiffigen Wallfahrtskapelle **Notre-Dame-des-Fontaines** einen von seinen Ausmaßen wie auch von seiner Ausdruckskraft so überaus beeindruckenden Freskenzyklus vermuten. Der Zyklus ist ein Werk des aus Piemont stammenden Künstler-Priesters Giovanni Canavesio, der im 15. Jahrhundert als Wandermaler in der Grafschaft Nizza hohes Ansehen genoß. Beeindruckend sind die realistischen Illustrationen mit teilweise skurrilen Details: So hängt Judas, von einem dämonischen Affen aufgeschlitzt, mit blutigen Eingeweiden an einem Olivenbaum.

Unterhalb der im Quellgebiet der Levense gelegenen Wallfahrtskirche lassen sich die Füße nach der Besichtigung in einem ebenso kalten wie klaren Wildbach kühlen.

Mit der Eisenbahn

Das gesamte Royatal von Breil-sur-Roya bis Tende läßt sich übrigens auch mit einer höchst originellen Eisenbahn erkunden (rund fünf Verbindungen täglich). Wer in St-Dalmas-de-Tende den Zug verläßt, wird sich über den überdimensional großen Bahnhof wundern, der in dem kleinen Dorf merklich deplaziert wirkt. Die Größe erklärt sich aus der Tatsache, daß es sich um einen ehemaligen Grenzbahnhof zwischen Italien und Frankreich handelt.

Dauer: Tagesausflug (ohne Wanderung zum Vallée des Merveilles)
Länge: Rund 100 km
Karte: → Klappe vorne

Durch das Hinterland von San Remo

Die Fahrt, die auf 1387 Meter Höhe führt, verspricht ein grandioses Landschaftspanorama.

Die palmenbestandene Blumenriviera und die kargen Ausläufer der Seealpen bilden innerhalb weniger Kilometer einen Kontrast, der kaum größer sein könnte. Hier die übervölkerten Strände, dort eine einsame, kaum besiedelte Bergwelt mit dichten Wäldern. Bis vor zwei Generationen lebte die Landbevölkerung noch fast ausschließlich vom Wald: Die Kastanie bildete die Nahrungsgrundlage, während die zu Holzkohle verarbeitete Steineiche einen kargen Zuverdienst lieferte.

Als Ausgangspunkt für diese Fahrt ins Hinterland eignet sich San Remo. Man fährt zuerst auf der Via Aurelia (SS 1) in Richtung Osten und zweigt nach wenigen Kilometern nach **Taggia** ab. An Taggia, einem der schönsten ligurischen Landstädtchen, und dem ebenfalls noch weitgehend mittelalterlichen **Badalucco** vorbei, geht es weiter in nördlicher Richtung. Kurz vor **Triora**, dem ersten Etappenziel, windet sich die Straße auf beachtliche 770 Meter empor. Triora wurde wahrscheinlich während der Zeit der Sarazenen-

Mittelalterliches Taggia

Bergdorf Triora

Idyllische voralpine Landschaften ereicht man schon wenige Kilometer hinter der Küste.

überfälle als Fliehburg im Hinterland errichtet, wovon noch die Ruine eines Castellos zeugt. In der frühen Neuzeit ist Triora durch zahlreiche grausame Hexenverfolgungen zu trauriger Berühmtheit gelangt. Eine Stichstraße führt zum historischen, gut erhaltenen Ortskern, der mit seinen verwinkelten und überbauten Gassen begeistert. Ungewöhnlich ist die klassizistische Fassade der Pfarrkirche Santa Maria Assunta.

Von Triora geht es auf derselben Straße sechs Kilometer zurück, bevor linker Hand ein Verkehrsschild den Weg nach Pieve di Teco weist. Die anfangs gut ausgebaute Straße verwandelt sich bald in eine rund zehn Kilometer lange Schotterpiste, die nur sehr behutsam zu befahren ist (Schlaglöcher und Spurrillen). Entschädigt wird man durch ein grandioses Landschaftspanorama und eine unberührte Natur. Links und rechts des Weges blühen echter Lavendel und rote Lichtnelken, wachsen Baldrian und weißer Fingerhut.

Teilweise schlechte Straßen

An ihrer höchsten Stelle erreicht die Straße eine Höhe von 1387 Metern, bevor es durch einen dichten Wald hinunter nach Rezzo geht. Nun sind es nur noch wenige Minuten bis **Pieve di Teco**, dessen langgestreckte und an beiden Seiten arkadengesäumte Hauptstraße an die einstige Bedeutung des Ortes als regionales Wirtschaftszentrum erinnert. Die wohlproportionierte Pfarrkirche San Giovanni Battista ist ein anmutiger klassizistischer Bau des lombardischen Architekten Gaetano Cantone, der auch beim Dombau von Porto Maurizio maßgeblich beteiligt war. Von Pieve di Teco führt abschließend eine gut ausgebaute Landstraße nach **Imperia** und damit zurück zur Küste.

Alte Handwerkerstadt Pieve di Teco

Dauer: Tagesausflug
Länge: rund 125 km
Karte: → Klappe vorne

Von Genua nach Casella

Mit der Schmalspurbahn geht's von Genua aus ins Gebirge, zum Städtchen Casella.

Die beste und einfachste Möglichkeit, dem Moloch Genua für ein paar Stunden zu entfliehen, bietet eine 1929 eröffnete Schmalspurbahn, die von ihrem oberhalb der Piazza Manin gelegenen Bahnhof in knapp einer Stunde nach Casella zockelt. Der erste Streckenabschnitt ist – abgesehen vom Blick auf den Monumentalfriedhof **Cimitero di Staglieno** – noch recht langweilig, da er nur durch die nördlichen Außenbezirke Genuas führt. Nachdem man aber erst einmal die ligurische Metropole hinter sich gelassen hat, begeistert das dichtbewaldete Tal der Scrivia mit seinem ländlichen Szenario. Gemächlich kämpft sich die Schmalspurbahn die Hügel hinauf, bis sie mit 458 Metern ihren höchsten Punkt erreicht hat. Die tolle Aussicht wird nur durch die insgesamt 13 Tunnel gestört. Kulinarisch interessant ist ein Zwischenstopp in **Sant'Olcese**, ein für seine zart geräucherte Salami weithin bekanntes Dorf.

Cimitero di Staglieno

Durchs waldreiche Scrivia-Tal

Casella selbst ist ein beschauliches Städtchen mit rund 3000 Einwohnern, in das seit einigen Jahren immer mehr großstadtmüde Genuesen ziehen; sie sind neben den Ausflüglern und Schülern die fleißigsten Nutzer der Schmalspurbahn. Größere Sehenswürdigkeiten gibt es außer einer barocken Pfarrkirche und dem etwas heruntergekommenen Palazzo Fieschi allerdings nicht zu besichtigen. Wer will, kann sich jedoch in Casella ein Fahrrad zur Erkundung des nahen Brevennatals leihen oder im städtischen Freibad ein paar Bahnen schwimmen gehen.

Verträumter Bergort Casella

Dauer: Halbtagesausflug
Fahrzeit: 55 Min., tgl. 11 Verbindungen
Länge: 25 km
Karte: → Klappe hinten

Cinque Terre

Auf Schusters Rappen läßt sich die reizvolle Landschaft der Cinque Terre am besten erkunden.

Die Cinque Terre gehören zweifellos zu den schönsten Wanderregionen Italiens. Die phantastische Terrassenlandschaft mit ihren Weinbergen und Olivenbäumen, ihren steilen Felsklippen und Bilderbuchdörfern lädt förmlich zur gemächlichen Erkundung ein. Ein Geheimtip ist eine Wanderung durch die Cinque Terre sicherlich nicht, allzu viele sind dem Reiz dieses Küstenabschnitts und seiner fünf namensgebenden Dörfer verfallen, doch sollte man sich deswegen keineswegs von einer oder mehreren Wandertouren auf den gutmarkierten Wegen abhalten lassen. Wer die beliebte Küstenroute meidet, trifft selbst in der Hochsaison nur sporadisch auf andere Wandergruppen.

Wanderung 1

Die klassische Cinque-Terre-Wanderung (Wanderung 1) verbindet alle fünf Dörfer von **Monterosso al Mare** bis **Riomaggiore**; dieser Küstenweg (Markierung: rot-weiß Nr. 2) führt in rund fünf Stunden zumeist in einer Höhe von 200 bis 300 Meter über dem Meer und läßt sich auch bequem in Etappen zurücklegen. Wer weniger Zeit hat, sollte sich auf den besonders schönen Abschnitt zwischen Monterosso al Mare und Corniglia beschränken. Mindestens genauso reizvoll wie die klassische Cinque-Terre-Tour, aber weniger frequentiert, sind die Küstenwanderungen von Levanto nach Monterosso al Mare (2,5 Stunden, Wanderung 2) und von Riomaggiore nach Portovenere (5 Stunden, Wanderung 3).

Wanderung 2
Wanderung 3

Vor allem im Frühjahr zeigt sich die Küste in ihren schönsten Farben, zwischen den Terrassen blühen Ginster und Myrte, streckenweise sorgen Pinien und Steineichen für kühlen Schatten. Auf dieser Wanderung lassen sich die für die Cinque Terre charakteristischen Terrassenfelder studie-

Cinque Terre
Autobahn
Fernverkehrsstraße
Nebenstraße
Unbefestigte Straße, Weg
Wanderung 1
Wanderung 2
Wanderung 3
Wanderung 4
La Spezia Sehenswerter Ort
Corniglia Ausflugsziel
Top Ten
Sehenswürdigkeit
Kirche
Schloß, Burg
Kirchenruine
Leuchtturm
Höhle
Levanto
Monterosso al Mare
Vernazza
Corniglia
Manarola
Riomaggiore
La Spezia
Portovenere
Le Grazie
Fezzano
San Terenzo
Golfo della Spezia
Riviera di Levante
Punta Mesco
Fegina
Grotta dei Colombi
Scoglio Galera
Scoglio Ferale
Castello di S. Giorgio
Sarzana
Genua
0
4 km
3,8 km

ren, die die Höhenlinien des Gebirges nachzeichnen. Der Erhalt dieser Terrassenlandschaft ist übrigens ein sehr arbeits- und kostenintensives Unterfangen. Jährlich muß rund ein Prozent der stützenden Trockenmauern erneuert werden, um ein Abrutschen der Felder zu verhindern. Man sollte daher auch der Versuchung widerstehen, Trauben und anderes Obst zu pflücken; den Cinque-Terre-Bauern entsteht alljährlich ein erheblicher Schaden durch naschsüchtige Wanderer.

Wanderung 4

Als Alternative zur Küstenroute empfiehlt sich zudem der durchgehend mit einer rot-weißen Nr. 1 markierte Höhenweg, der von Levanto bis Portovenere führt und zumeist in einer Höhe von 600 bis 800 Metern verläuft (Wanderung 4). Da die Tour zwischen 10 und 12 Stunden in Anspruch nimmt, ist es ratsam, sie in zwei Etappen zurückzulegen.

Via dell'amore

Noch ein Hinweis zur Ausrüstung: Die **Via dell'amore** zwischen Riomaggiore und Manarola läßt sich zwar auch mit Badeschlappen und Stöckelschuhen »meistern«, auf allen anderen Touren ist festes Schuhwerk aber unerläßlich. Bei längeren Wanderungen im Sommer sollte der Kopf, Arme und Beine ausreichend vor der Sonne geschützt sein.

Dauer: Gemütlicher Tagesausflug
Verbindungen: Alle fünf Cinque-Terre-Orte werden von der italienischen Eisenbahn häufig und regelmäßig angefahren. Eine Rückkehr zum Ausgangspunkt ist daher unproblematisch.

Der berühmteste Abschnitt des Cinque-Terre-Wegs ist die Via dell' amore zwischen Riomaggiore und Manarola.

Zum Kloster San Fruttuoso

TopTen 6

Das traumhaft gelegene Kloster erreicht man über einen abwechslungsreichen Wanderweg.

Portofino

Eine der schönsten Wanderungen, die man auf der Halbinsel von **Portofino** unternehmen kann, führt zum ehemaligen Benediktinerkloster San Fruttuoso.

Der Wanderweg, der durch den unter Naturschutz stehenden **Parco Naturale Monte di Portofino** führt, beginnt am Parkplatz von Portofino, und zwar an dessen dem Hafen entgegengesetz-

ten Ende. Auf einem steilen Treppenweg müssen gleich am Anfang 200 Höhenmeter bewältigt werden. Nach dem anstrengenden Aufstieg verläuft ein schmaler Pfad nun parallel zur Küste, vorbei an Terrassenfeldern, auf denen Wein, Oliven und Gemüse angebaut werden, bis zu einem kleinen Stauweiher. Der Wanderweg ist in diesem Bereich zwar nicht markiert, doch kann man sich kaum verlaufen, da die Küste zur Orientierung dient. Oberhalb des Weihers geht es nun in ein paar Minuten auf einem breitgepflasterten Weg zur **Casa Prato**. Von dort führt ein Höhenweg, an dessen Seiten Zistrosen und Ginster blühen, in einer guten halben Stunde zur **Base O**, einer im Zweiten Weltkrieg befestigten Stellung. Durch einen Steineichenwald geht es abschließend hinunter zum Kloster San Fruttuoso, das bereits gelegentlich durch das dichte Blattwerk zu sehen war.

Base O, Relikt aus dem Zweiten Weltkrieg

Nach einer kurzen Rast oder einem Sprung ins erfrischende Wasser kann man entweder auf dem gleichen Weg zurück nach Portofino wandern oder sich auf der Fähre (7000 Lit.) erholen. Achtung: Bei starkem Seegang wird der Schiffsverkehr eingestellt, so daß in diesem Fall auch der Rückweg zu Fuß gemeistert werden muß.

Dauer: Halbtagesausflug, reine Wanderzeit: 2 Std. (einfach)
Länge: 8 km (einfach)

Zum schön gelegene Kloster San Fruttuoso bei Portofino gelangt man über einen abwechslungsreichen Wanderweg.

Zu den Laghetti di Rocchetta Nervina

Am Ziel dieser Wanderung lockt ein erfrischendes Bad im glasklaren Wasser der Laghetti.

TopTen 9

Bei den Laghetti di Rocchetta Nervina handelt es sich um mehrere traumhafte Wasserbecken, die das kleine Flüßchen Barbaira oberhalb von Rocchetta Nervina in einem kleinen Seitental der Seealpen geschaffen hat.

Rocchetta Nervina

Ausgangspunkt dieser Wanderung ist **Rocchetta Nervina**, ein beschaulicher kleiner Ort im Tal der Barbaira, nur wenige Kilometer von der französischen Grenze entfernt. Die einzige Zufahrtsstraße, die einen Kilometer nördlich von Dolceacqua abzweigt, endet als Sackgasse vor dem Dorfparkplatz, an dem sich auch die beiden einzigen Gasthöfe des 300-Seelen-Weilers befinden. Eine malerisch geschwungene Brücke spannt sich über den Fluß und führt in den kleinen, verschachtelten historischen Ortskern, der im Mittelalter vom Castrum Barbaira gekrönt war.

Der Weg zu den Laghetti zweigt kurz vor der Brücke linker Hand ab und verengt sich nach wenigen Metern zu einem kleinen Pfad. Wer es vorzieht, direkt entlang dem Flußbett zu wandern, benötigt wegen des felsigen Untergrunds unbedingt festes Schuhwerk. Zu beiden Seiten des Pfades erstreckt sich eine üppige Vegetation mit Kartäusernelken, Glockenblumen, Witwenblumen und Clematis. Bereits nach rund 20 Minuten stößt man auf die ersten Wasserbecken der Barbaira, die sich wie Perlen an einer Kette bergaufwärts aneinanderreihen. Das glasklare Wasser lädt zum Schwimmen ein, auf den umliegenden Felsen kann man anschließend ein Sonnenbad nehmen.

Dauer: Reine Wanderzeit hin- und zurück 1,5–2 Std.
Länge: 2 km (einfach)
Karte: → Klappe vorne ■ A 5/B 5

Auskunft

Die Außenstellen des staatlichen Fremdenverkehrsamtes ENIT halten nur wenige Informationen bereit. Bei speziellen Anfragen ist es ratsam, sich gleich an die Fremdenverkehrsämter der jeweiligen Provinzen **APT** (Azienda di Promozione turistica) oder Ferienorte **IAT** (Informazione ed accoglienza turistica) zu wenden.

Italienische Fremdenverkehrsämter (ENIT)

In Deutschland:
– Goethestr. 20
80336 München
Tel. 0 89/53 13 17, Fax 53 45 27

– Kaiserstr. 65
60329 Frankfurt
Tel. 0 69/23 74 34, Fax 23 28 94

– Karl-Liebknecht-Str. 34
10178 Berlin
Tel. 0 30/2 47 83 98, Fax 2 47 83 99

Für Prospektbestellungen gilt für ganz Deutschland die gebührenpflichtige Servicenummer 01 90/70 64 40

In Österreich:
Kärntner Ring 4
1010 Wien
Tel. 02 22/5 05 16 39, Fax 5 05 02 48

In der Schweiz:
Uraniastr. 32
8001 Zürich
Tel. 01/2 11 36 33, Fax 2 11 38 85

In Ligurien d 6, S. 35
Regione Liguria
Via Ravasco 10
16121 Genova
Tel. 00 39/10/5 48 51
Fax 0 10/54 10 46
http://www.regione.liguria.it

Diplomatische Vertretungen

Deutsches Konsulat e 5, S. 35
Via San Vincenzo 4
16131 Genova
Tel. 0 10/5 76 74 11, Fax 5 76 74 26

Schweizer Honorarkonsulat f 4, S. 35
Piazza Brignole 3
16122 Genova,
Tel. 0 10/56 56 20

Österreichisches Honorarkonsulat e 3, S. 35
Via Assarotti 10
16129 Genova, Tel. 0 10/8 39 39 83

Feiertage

Banken, Büros und Geschäfte haben an folgenden Feiertagen geschlossen:

1. Jan.	Neujahr (Capodanno)
6. Jan.	Dreikönigsfest (Epifania)
Ostermontag	(Lunedi dell'Angelo)
25. April	Tag der Befreiung vom Faschismus (La Liberazione)
1. Mai	Tag der Arbeit (Festa del lavoro)
15. Aug.	Mariä Himmelfahrt (Ferragosto)
1. Nov.	Allerheiligen (Ognissanti)
8. Dez.	Mariä Empfängnis (L'Immacolata)
25./26. Dez.	Weihnachten/Santo Stefano

Fernsehen

Italien ist ein Medienparadies. Nicht umsonst konnte ein Medienunternehmer zum Ministerpräsidenten avancieren. Allein der staatliche Fernsehsenders (RAI) hebt sich wohltuend von den kommerziellen TV-Programmen ab.

FKK

Das Nacktbaden ist in Italien offiziell verboten, doch wird es an einigen abgelegenen Stränden praktiziert. Wer die Hüllen fallen läßt, sollte sich darüber im klaren sein, daß eine nahtlose Urlaubsbräune nicht mit den Moralvorstellungen eines Großteils der Bevölkerung übereinstimmt.

Fotografieren

Aufgrund der höheren Preise ist es ratsam, sich bereits zu Hause mit Filmen einzudecken. Die Benutzung eines Blitzlichtes ist in Museen und Kirchen meist verboten, manchmal auch das Fotografieren an sich. Wegen der teilweise extremen Lichtverhältnisse erweist sich ein UV- oder Polarisationsfilter als nützlich.

Geld

Italienische Lire gibt es in Münzen zu 5, 10, 20, 50, 100, 200 und 500 Lit. sowie als Scheine im Wert von 1000, 2000, 5000, 10 000, 50 000 und 100 000 Lit.

Die Banken sind in der Regel werktags von 8.20–13.20 Uhr geöffnet; manche Filialen öffnen zusätzlich am Nachmittag von 15–16 Uhr.

Kreditkarten werden von den meisten, aber bei weitem nicht allen Hotels und Restaurants akzeptiert, wobei man in der Regel im Landesinneren mit einer Kreditkarte auf größere Schwierigkeiten trifft. **Eurocheques** werden bis zu einer Höhe von 300 000 Lit. eingewechselt. Wegen der umständlichen Prozeduren am Bankschalter erweist sich eine **EC-Karte mit Geheimzahl** oder eine Kreditkarte als sehr hilfreich, denn Geldautomaten sind mittlerweile weit verbreitet; zudem spart man sich die oft zeitraubende Wechselprozedur in den Banken. Inhaber

Wechselkurse

I	D	CH	A
Lire	Mark	Franken*	Schilling
1000	1,01	0,84	7,11
2000	2,02	1,68	14,21
5000	5,05	4,21	35,53
7000	7,07	5,89	49,75
10 000	10,10	8,42	71,07
15 000	15,15	12,63	106,60
20 000	20,20	16,83	142,13
30 000	30,30	25,25	213,20
50 000	50,50	42,09	355,33
100 000	101,01	84,17	710,66
150 000	151,51	126,26	1065,99
200 000	202,02	168,35	1421,31
250 000	252,52	210,44	1776,64

*Stand: April 2000

Nebenkosten*
(umgerechnet in DM)

1 Tasse Kaffee	1,30–1,60
1 Bier	3,20–4,30
1 Cola	2,10–3,20
1 Brot (ca. 500g)	ca. 2,50
1 Schachtel Zigaretten	ca. 5,50
1 Liter Benzin	ca. 1,90
Fahrt mit öffentl. Verkehrsmitteln (Einzelfahrt)	1,70
Mietwagen/Tag	ab ca. 100

von **Postsparbüchern** können mit der Postbank SparCard 3000plus Geld abheben.

Devisen dürfen in beliebiger Höhe eingeführt werden. Von Italien darf ein Betrag von 20 Mio. Lire oder der Gegenwert in einer Fremdwährung ausgeführt werden. Für höhere Beträge ist eine Bewilligung des Zolls notwendig.

Internet

Unter der Adresse: **http://www.regione.liguria.it** findet man im Internet in italienischer Sprache allgemeine Informationen zu Ligurien sowie die Adressen aller Hotels und Campingplätze.

Kleidung

Winterurlauber, die nur an die ligurische Küste fahren, können ihren Wintermantel getrost zu Hause lassen. Das Klima ist so mild, daß hier sogar die empfindlichen Zitrusbäume gedeihen. Auf einen warmen Pullover und einen Anorak sollte man aber sicherheitshalber nicht verzichten. Die Gipfel der Seealpen und des ligurischen Apennins sind hingegen bis ins Frühjahr hinein schneebedeckt und erfordern eine entsprechende Ausrüstung. Im Sommer empfiehlt sich an der Küste vor allem leichte Baumwollkleidung (Kopfbedeckung!), in den Bergen kann sich eine warme Jacke als notwendig erweisen.

Kriminalität

Autodiebstähle kommen in Ligurien kaum häufiger vor als in anderen südlichen Regionen, weitaus größer ist das Risiko eines Autoaufbruchs. Vor allem an Strandparkplätzen und in größeren Städten, wie beispielsweise in Genua, empfiehlt es sich daher, ein paar Verhaltensregeln zu beachten: Im geparkten Auto sollten niemals Wertsachen zurückgelassen werden; sinnvoll ist es zudem, das Handschuhfach offen zu lassen, um nicht den Anschein von darin versteckten Wertsachen zu erwecken.

Medizinische Versorgung

In den Tourismuszentren ist die problemlose medizinische Versorgung gewährleistet. Im ligurischen Hinterland können allerdings Sprachprobleme auftreten. Fast alle Gemeinden verfügen bei dringenden Fällen über eine **Guardia Medica Turistica**. Den mitgebrachten Auslandskrankenschein (Vordruck E 111) muß man beim örtlichen Gesundheitsdienst (**USL**) in einen in Italien gültigen Krankenschein umtauschen, erst anschließend kann ein Arzt aufgesucht werden. Selbstverständlich kann man den Arztbesuch bar bezahlen und die Rechnung bei der heimischen Kasse einreichen (wird nicht in voller Höhe erstattet!). Eine private **Reisekrankenversicherung** empfiehlt sich als zusätzlicher Versicherungsschutz, da damit eine freie Arztwahl möglich ist und die entstandenen Kosten in Deutschland erstattet werden. Apotheken (**farmacie**) gibt es in jedem größeren Ort. Sie sind in der Regel an Werktagen von 8–13 und 16–20 Uhr geöffnet. Außerhalb dieser Öffnungszeiten informiert ein Aushang, welche Apotheke gerade Nacht- oder Sonntagsdienst hat.

Notruf

Es gilt der in ganz Italien gültige Notruf 1 13 sowie 1 12 für die **Carabinieri** und 1 16 für die **Pannenhilfe**. Der **ADAC-Notruf** ist unter der Rufnummer 00 49/89/22 22 22 rund um die Uhr zu erreichen.

Politik/Bevölkerung

Mit einer Fläche von 5413 qkm ist Ligurien zwar die drittkleinste Region Italiens, doch besitzt Ligurien die höchste Bevölkerungsdichte des Landes. Insgesamt leben auf dem schmalen Küstenstreifen rund 1 670 000 Menschen, davon etwas mehr als 40 Prozent in der Regionalhauptstadt Genua. Nur rund fünf Prozent der Ligurier leben mehr als fünf Kilometer vom Meer entfernt, da die hochaufragenden Berge des Hinterlandes kaum Platz für größere Ansiedlung lassen. Aus verwaltungstechnischen Gründen ist Ligurien in die Provinzen Genua, Imperia, Savona und La Spezia unterteilt. Die Pläne einiger Lokalpolitiker, die Provinz Genua zu verkleinern und rund um Chiavari eine fünfte Verwaltungseinheit zu schaffen, ließen sich bisher nicht verwirklichen.

Post

Die italienischen Postämter sind in der Regel werktags von 8.10–13.20 Uhr geöffnet, in den größeren Städten häufig Mo–Fr auch bis 18 Uhr. Briefmarken (**francobolli**) werden zudem auch in den Tabakläden, die mit einem weißen T auf blauem Grund ausgewiesen sind, verkauft.

Reisedokumente

Für Bürger aus der Bundesrepublik Deutschland und Österreich genügt ein gültiger Personalausweis. In der Praxis hat sich jedoch die zusätzliche Mitnahme eines Reisepasses bewährt: Der Ausweis bleibt im Hotel, mit dem Reisepaß wechselt man Geld oder mietet ein Auto. Für Kinder unter 16 Jahren ist ein Kinderpaß oder der Eintrag im elterlichen Paß ausreichend.

Reisezeit

Den Seealpen und dem Apennin verdankt die ligurische Küste ihr mildes Klima. Die beiden langgestreckten Gebirgszüge schirmen den Landstrich von den von Norden heranströmenden Luftmassen ab, so daß Palmen, Magnolien und Zitrusfrüchte gut gedeihen.

Die günstigste Reisezeit variiert je nach Interessenlage. Die Monate April, Mai und Juni, in denen die gesamte Region in Blüte steht, eignen sich vorzüglich für einen Wanderurlaub, aber auch für Besichtigungen der bekannten Sehenswürdigkeiten sowie für Streifzüge durch die während der Saison überlaufenen Tourismuszentren. Die Wassertemperaturen erreichen allerdings erst im Juni die magische 20-Grad-Grenze. Im Juli und August, wenn die Italiener Ferien machen, platzt die Riviera aus allen Nähten. Die Hotels und Campingplätze sind restlos ausgebucht, die Strände überfüllt, die Kellner gestreßt, und die Autos stehen an der Küstenstraße im Dauerstau. Der Drang zu diversen Aktivitäten wird durch die hohen Temperaturen allerdings regelrecht gelähmt. Im September und Oktober kehrt dann allmählich wieder Ruhe ein, die Abende werden kühler, tagsüber heizt die Sonne aber noch kräftig ein. Wasserratten kommen bei Temperaturen um die 20 Grad noch immer auf ihre Kosten. Das Wetter ist im Herbst allerdings nicht mehr so beständig.

Rundfunk

Zahlreiche private Rundfunkstationen kämpfen im Äther um Marktanteile. Mit leistungsstarken Geräten empfängt man auch die Deutsche Welle, den Deutschlandfunk sowie Radio Luxemburg.

Sprache

Mit Deutsch und Englisch kommt man – abgesehen von Hotels und anderen touristischen Dienstleistungsbetrieben – nicht sehr weit. Da ein Großteil der Bevölkerung nur Italienisch spricht, ist es empfehlenswert, sich zumindest Grundkenntnisse anzueignen. Dies hilft bei der Suche nach einem Campingplatz und erleichtert die alltäglichen Einkäufe beim Bäcker und im Lebensmittelgeschäft ungemein. Allein der Versuch, sich in der Landessprache verständlich zu machen, wird wohlwollend zur Kenntnis genommen.

Stromspannung

Normalerweise 220 Volt (Flachstecker). In älteren Privatpensionen ist es jedoch nicht ausgeschlossen, daß man noch auf Steckdosen trifft, die dem genormten Sicherheitsstandard nicht entsprechen; hierfür werden Eurostecker oder Adapter benötigt.

Telefon

Öffentliche Telefonzellen gibt es bei den Postämtern sowie an den wichtigen Plätzen in den Städten. Auch viele Bars und Hotels besitzen öffentliche Telefone, die jedoch häufig nicht abgeschirmt sind. Wegen des geringen Wertes der italienischen Münzen empfiehlt sich der Kauf einer Telefonkarte (erhältlich zu 5000, 10000 und 15000 Lit.).

Vorwahlen
I → D 00 49
I → A 00 43
I → CH 00 41
D, CH → Ligurien 00 39
A → Ligurien 0 40

Achtung: Die Null der Ortskennzahl muß seit 1998 mitgewählt werden.

Mobiltelefon
In Ligurien kann man mit D1- und D2-Geräten telefonieren, e-plus-Geräte sind nur dann zu gebrauchen, wenn sie auf einer GSM-900-Frequenz senden können.

Die genauen Klimadaten von **Genua**

	Januar	Februar	März	April	Mai	Juni	Juli	August	September	Oktober	November	Dezember
Durchschnittl. Temp. in °C – Tag	10,3	11,1	13,7	16,9	20,4	24,1	26,6	27,2	24,3	19,5	14,4	11,5
Durchschnittl. Temp. in °C – Nacht	5,9	6,1	8,7	11,3	15,0	18,7	21,1	21,4	18,7	14,5	9,9	7,4
Sonnenstunden pro Tag	4,1	4,5	5,4	6,3	7,6	8,4	9,6	8,7	6,8	5,5	3,5	3,6
Regentage	7	7	9,5	9	7	6	3	3,5	6	9,5	9	9,5

Quelle: Deutscher Wetterdienst, Offenbach

Trinkgeld

Trinkgeld (**mancia**) gehört einfach dazu. Wer sich im Restaurant oder an der Bar Münzen zurückzahlen läßt, gilt als kleinlich. Einem Touristen wird dies zwar eher nachgesehen, doch belastet es die Reisekasse sicherlich nicht zu sehr, wenn man an der Theke 100 oder 200 Lit. liegen läßt. Im Restaurant gelten fünf Prozent als angemessen. Hotelangestellte und Taxifahrer wissen es zu schätzen, wenn ihre Dienste mit kleinen Scheinen honoriert werden.

Wirtschaft

Trotz Wirtschaftskrisen ist Genua noch immer das unumstrittene wirtschaftliche Zentrum Liguriens. Die Stadt besitzt nach wie vor einen der bedeutendsten Mittelmeerhäfen, während La Spezia zum größten italienischen Militärhafen avanciert ist. Die meisten Einheimischen sind aber gegenwärtig im Dienstleistungssektor beschäftigt, zu dem auch der Tourismus einen erheblichen Teil beiträgt. Der Fremdenverkehr spielte bereits Ende des 19. Jh. eine Vorreiterrolle für die wirtschaftliche Entwicklung der Region. Die Landwirtschaft ist hingegen wegen der kleinen landwirtschaftlichen Nutzflächen nur von geringer Bedeutung. Einzig die Blumenzucht an der Riviera dei Fiori ist stark exportorientiert; die qualitativ hochwertigen ligurischen Weine und Olivenöle werden größtenteils auf den heimischen Märkten verkauft. Der Fischfang spielt wirtschaftlich ebenfalls nur eine untergeordnete Rolle. Die Küstengewässer sind dermaßen überfischt, daß ein großer Teil der täglich auf den Märkten angepriesenen Fische aus fremden Gewässern angeliefert werden muß.

Zeitungen

Die überregionalen deutschsprachigen Tages- und Wochenzeitungen sind in der Regel in den meisten Provinzstädten und Touristenzentren am selben, selten einen Tag nach Erscheinen erhältlich. Zudem wird an den Kiosken die deutschsprachige Zeitung »Riviera – Côte d'Azur« verkauft, die sich monatlich mit vielen nützlichen Hinweisen an Urlauber und Residenten wendet.

Zoll

Seit dem 1. Jan. 1993 existieren an den Binnengrenzen der Europäischen Union keine mengenmäßigen Ein- und Ausfuhrbeschränkungen mehr. Tabak, Alkohol und andere Waren können problemlos eingeführt werden, soweit erkennbar ist, daß sie ausschließlich für den Privatgebrauch bestimmt sind. Sollten die Grenzbehörden allerdings den Verdacht haben, daß mit den Waren gehandelt wird, müssen diese versteuert werden.

Für Schweizer gelten die üblichen Mengenbeschränkungen: pro Person 50 g Parfüm oder 0,25 l Eau de Toilette, 1 l Spirituosen und 2 l Wein, 200 Zigaretten oder 100 Zigarillos oder 50 Zigarren oder 250 g Tabak.

Steinzeit
In den westlich von Ventimiglia gelegenen Balzi-Rossi-Höhlen wurden nicht nur Werkzeuge aus der mittleren Steinzeit gefunden, sondern zudem zahlreiche Skelette des Crô-Magnon-Menschen, eines Jägers und Sammler, der als direkter Vorfahre des Homo sapiens gilt. Zahlreiche Funde aus verschiedensten Epochen belegen, daß die Region zu den ältesten kontinuierlich besiedelten Gebieten Europas zählt.

Bronzezeit
Im Vallée des Merveilles ritzt die kelto-ligurische Urbevölkerung geheimnisvolle Bilder in den Fels.

3. Jh. v. Chr.
Die ligurischen Stämme kämpfen im Zweiten Punischen Krieg mit Ausnahme von Genua auf der Seite Karthagos gegen Rom.

2. Jh. v. Chr.
Die Römer unterwerfen in mehreren Kriegszügen die Ligurer. Entlang der Küste wird die Via Aurelia befestigt, die den Truppentransport in die Provence und nach Spanien sichert. In den folgenden beiden Jahrhunderten erhalten die ligurischen Städte eine neue Infrastruktur nach römischem Muster mit Amphitheater und allem, was dazugehört.

27 v. Chr.
Kaiser Augustus teilt das Römische Reich neu auf und ernennt Ligurien zur neunten Provinz.

3./4. Jh.
Beginn der Christianisierung, Bau des Baptisteriums in Albenga.

641–643
Der Langobardenkönig Rothari erobert Ligurien.

773–774
Karl der Große besiegt die Langobarden und wird damit auch zum nominellen Herrscher Liguriens.

890–972
Wiederholte Plünderungen durch die Sarazenen; der Küstenhandel kommt fast vollständig zum Erliegen, die Bevölkerung zieht sich in das leichter zu verteidigende Hinterland zurück.

1276
Die Cinque-Terre-Dörfer Manarola, Riomaggiore, Vernazza und Corniglia müssen die Oberhoheit Genuas anerkennen.

1284
Genua besiegt seine Rivalin Pisa in der Schlacht von Meloria und steigt zur mächtigsten Stadt an der Riviera auf.

1298
Die venezianische Flotte wird vor der dalmatinischen Insel Curzola von Genua vernichtend geschlagen.

1380
Genua muß in der Seeschlacht von Chioggia eine Niederlage gegen Venedig einstecken und seine Macht fortan auf das westliche Mittelmeer beschränken.

1451
Christoph Kolumbus wird in Genua geboren.

1466–1560
Admiral Andrea Doria verbündet sich mit Kaiser Karl V. und verhilft Genua wieder zu seiner einstigen Macht. Bis zu seinem Tod regiert Doria die Stadt als Principe.

1552
Die unabhängige Republik Genua wird gegründet.

1746
Österreichische Truppen besetzen Genua, müssen sich aber nach einem Volksaufstand zurückziehen.

1768
Nach einem Volksaufstand verkauft Genua die Insel Korsika an Frankreich.

1782
Niccolò Paganini, der berühmteste Geiger der Welt, wird in Genua geboren. Als »Teufelsgeiger« feiert der Autodidakt mit seinem virtuosen Violinspiel in ganz Europa Triumphe.

1794
Ligurien wird von den Truppen der französischen Revolutionsarmee besetzt.

1797
Unter dem Druck Napoleons wird die Adelsrepublik Genua aufgelöst; der neue, auf demokratischen Grundlagen basierende Staat erhält den Namen Ligurische Republik.

1814/15
Auf dem Wiener Kongreß wird Ligurien als »Herzogtum Genua« dem Königreich Sardinien-Piemont einverleibt.

1860/61
Vittorio Emanuele II. von Savoyen wird König von Italien. Gewissermaßen als Preis für die neugewonnene Einheit tritt Italien die Grafschaft Nizza an Frankreich ab.

1887
Der deutsche Kaiser Friedrich III. verbringt den Winter in San Remo.

1920
Vom 19. bis 26. April bekräftigen die Ententemächte auf der Konferenz von San Remo die Unverletzlichkeit des Versailler Vertrages.

1922
Deutschland und die Sowjetunion unterzeichnen den Vertrag von Rapallo, der die Beziehungen der beiden von der westlichen Völkergemeinschaft isolierten Staaten regelt.

1947
Das Royatal mit den Orten Tende und La Brigue gelangt per Volksabstimmung zu Frankreich. In den Einfärbungen des örtlichen Dialekts leben die italienischen Wurzeln jedoch bis heute fort.

1975
Der Dichter Eugenio Montale erhält den Nobelpreis für Literatur.

1991
Der Öltanker »Haven« explodiert vor dem Hafenbecken von Genua. Ein Auseinanderbrechen des Schiffsrumpfs kann gerade noch verhindert werden, die ligurische Küste bleibt von einer Katastrophe verschont.

1992–1994
In drei aufeinanderfolgenden Jahren kommt es jeweils im Herbst nach starken Regenfällen zu Überschwemmungen und Verwüstungen.

1998
Durch vorsätzlich gelegte Waldbrände wurden im August mehrere hundert Hektar Wald rund um Vernazza, Sestri Levante und Devia Marina vernichtet.

2000
Im Rahmen des Heiligen Jahres erinnert Genua an seine Vergangenheit als Pilgerhafen.

Wichtige Wörter und Ausdrücke

Ja	*si*
Nein	*no*
Bitte	*per favore, per piacere*
Und	*e*
Wie bitte?	*prego, come?*
Ich verstehe nicht	*non capisco*
Entschuldigung, entschuldigen Sie	*scusa, scusi*
Guten Morgen, guten Tag	*buon giorno*
Guten Abend	*buona sera* (sagt man in der Toskana schon nachmittags)
Gute Nacht	*buona notte*
Hallo	*ciao*
Ich heiße ...	*mi chiamo ...*
Ich komme aus ...	*(io) vengo da ...*
Wie geht's ?	*come va?*
Danke, gut	*bene, grazie*
Wer, was, welcher	*chi, (che)cosa, quale*
Wieviel	*quanto*
Wo ist?	*dove è?*
Wann	*quando*
Wie lange	*per quanto tempo*
Sprechen Sie Deutsch?	*Lei parla tedesco?*
Auf Wiedersehen	*arrivederci*
Heute	*oggi*
Morgen	*domani*

Zahlen

null	*zero*
eins	*uno*
zwei	*due*
drei	*tre*
vier	*quattro*
fünf	*cinque*
sechs	*sei*
sieben	*sette*
acht	*otto*
neun	*nove*
zehn	*dieci*
hundert	*cento*
tausend	*mille*
zehntausend	*diecimila*
hunderttausend	*centomila*
1 Million	*un milione*

Wochentage

Montag	*lunedi*
Dienstag	*martedi*
Mittwoch	*mercoledi*
Donnerstag	*giovedi*
Freitag	*venerdi*
Samstag	*sabato*
Sonntag	*domenica*

Mit und ohne Auto unterwegs

Wie weit ist es nach ....?	*Quanto è distante ...?*
Wie kommt man nach ...?	*Come si arriva a ...?*
Wo ist ...	*Dove è ...*
– die nächste Werkstatt?	*– l'officina più vicina?*
– der Bahnhof/ Busbahnhof?	*– la stazione/stazione del pullman (autobus)*
– die nächste Bus-Station?	*– la fermata del pullman (autobus) più vicina?*
– der Flughafen?	*– l'aeroporto?*
– die Touristen-information?	*– l'ufficio turistico?*
– die nächste Bank?	*– la banca più vicina?*
– die nächste Tankstelle?	*– il distributore di benzina? (stazione di benzina, benzinaio)*
Wo finde ich	*Dove trovo*
– einen Arzt/	*– un medico*
– eine Apotheke?	*– una farmacia?*
Bitte volltanken	*Per favore, il pieno di benzina*
Super	*benzina super*
Bleifrei	*senza piombo/ benzina verde*
Diesel	*diesel*
Mischung	*miscela per motocicli*

rechts	*destra*
links	*sinistra*
geradeaus	*diritto*
Ich möchte ein Auto/ein Fahrrad mieten	*Vorrei noleggiare un automobile/una bicicletta*
Wir hatten einen Unfall	*Abbiamo avuto un incidente*
Bitte eine Fahrkarte nach ...	*Per favore, un biglietto per ...*
Hin und zurück	*andata e ritorno*
Ich möchte DM in italienische Lire wechseln	*Vorrei cambiare marchi in Lire italiane*

Hotel

Ich suche ein Hotel	*Cerco un albergo*
Ich suche ein Zimmer für ... Personen	*Cerco una camera per ... persone*
Haben Sie noch ein Zimmer frei?	*Lei ha ancora una camera libera?*
– für eine Nacht	*– per una notte*
– für zwei Tage	*– per due giorni*
– für eine Woche	*– per una settimana*
Ich habe ein Zimmer reserviert	*Ho prenotato una camera*
Wieviel kostet das Zimmer?	*Quanto costa (la camera)?*
– mit Frühstück	*– con prima (piccola) colazione*
– mit Halbpension	*– con mezza pensione*
Kann ich das Zimmer sehen?	*Posso vedere la camera?*
Ich nehme das Zimmer	*Si, la prendo*
Kann ich mit Kreditkarte zahlen?	*Posso pagare con la carta di credito?*
Haben Sie noch Platz für ein Zelt/einen Wohnwagen?	*C'è ancora posto per una tenda/una roulotte?*

Restaurant

Die Speisekarte bitte	*La lista delle vivande (il menu), per favore*
Die Rechnung bitte	*Il conto, per favore*
Ich hätte gern einen Kaffee	*Vorrei un caffè*
Wo finde ich die Toiletten? (Damen/Herren)	*Dove trovo i gabinetti? (Signore/Signori)*
Kellner	*cameriere*
Frühstück	*prima (piccola) colazione*
Mittagessen	*colazione (pranzo)*
Abendessen	*cena*

Einkaufen

Wo gibt es ...?	*Dove è ...?*
Haben Sie ...?	*Lei ha ...?*
Wieviel kostet ...?	*Quanto costa ...?*
Das ist zu teuer	*Costa troppo*
Geben Sie mir bitte 100 g/ein Pfund/ein Kilo	*Per favore, mi dia un etto/mezzo chilo/un chilo*
Danke, das ist alles	*Grazie, è tutto*
Geöffnet/geschlossen	*aperto/chiuso*
Bäckerei	*fornaio, panetteria, panificio*
Kaufhaus	*grande magazzino*
Markt	*mercato*
Metzgerei	*macelleria*
Haushaltswaren	*negozio di casalinghi*
Lebensmittel	*negozio (generi) di alimentari*
Briefmarke(n) für einen Brief/Postkarte nach Deutschland/Österreich/Schweiz	*francobollo(i) per una lettera/cartolina per la Germania/l'Austria/la Svizzera*

A

acciughe: Sardellen
aceto: Essig
acqua: Wasser
– *minerale:* Mineralwasser
– *naturale:* Leitungswasser
aglio: Knoblauch
agnello: Lamm
alla griglia: gegrillt
aneletti gratinati: panierte Tintenfischringe, mit Knoblauch und Pfeffer gewürzt
anguilla: Aal
anguria: Wassermelone
anitra: Ente
antipasto: Vorspeise
aragosta: Languste
aranciata: Orangenlimonade
aringa: Hering
arrosto: Braten
– *di maiale:* Schweinebraten
– *di manzo:* Rinderbraten
– *di tacchino:* Putenbraten
– *di vitello:* Kalbsbraten
asparagi: Spargel

B

baccalà: Stockfisch
barbio (oder *barbo*): Barbe
basilico: Basilikum
bevande: Getränke
bietola: Mangold
birra: Bier
– *chiara:* helles Bier
– *scura:* dunkles Bier
– *alla spina:* Bier vom Faß
biscotto: Keks
bistecca: Steak, Schnitzel
bollito: gekocht
bottarga di tonno: Thunfischrogen
branzino: Seebarsch
brodo: Fleischbrühe
bruschetta: geröstetes Brot mit Tomaten, Öl und Knoblauch
bucatini: lange, runde Röhrchennudeln
budino: Pudding
burro: Butter

C

cacciagione: Wildbret
caffè (espresso): Espresso
– *corretto:* Espresso mit einem Schuß Alkohol
– *latte:* Milchkaffee
– *macchiato:* Espresso mit einem Schuß Milch
calamari: Tintenfische
cameriere: Kellner
camomilla: Kamillentee
cannelloni: gefüllte, überbackene Nudelröllchen
capperi: Kapern
cappuccino: Kaffee mit aufgeschäumter Milch
capreto: Zicklein
carciofo: Artischocke
carne: Fleisch
carota: Karotte
cassata: Eis mit kandierten Früchten
castagnaccio: Kastanienmehlkuchen
cavolfiore: Blumenkohl
ceci: Kichererbsen
cefalo: Meeräsche
cena: Abendessen
cervello: Hirn
cervo: Hirsch
cetriolo: Gurke
ciliegia: Kirsche
cinghiale: Wildschwein
cioccolata: Trinkschokolade
cipolla: Zwiebel
cocomero: Wassermelone
coltello: Messer
coniglio: Kaninchen
contorni: Beilagen
coratella: Innereien
cornetto: Hörnchen
corzetti: breite Bandnudeln
costoletta: Kotelett
– *alla milanese:* Wiener Schnitzel
cozze: Miesmuscheln
crème caramel: Karamelpudding
crostacei: Krebstiere
crostino: geröstetes Brot
crudo: roh
cucchiaino: Teelöffel
cuchiaio: Löffel

D

datteri: Dattel, Dattelmuscheln
dentice: Zahnbrasse
dolce: süß, Süßspeise
duro: hart, zäh

E

erbe: Kräuter

F

fagiano: Fasan
fagioli: weiße Bohnen
fagiolini: grüne Bohnen
faraona: Perlhuhn
farfalle: Schmetterlingsnudeln
fegato: Leber
fettuccine: Bandnudeln
fico: Feige
filetto: Filet
finocchio: Fenchel
focaccia: salziges Hefefladenbrot
formaggio: Käse
fragola: Erdbeere
fritto misto di pesce: verschiedene gebackene Fische und Meeresfrüchte
frutta: Obst
– *alla martorana:* Marzipansüßspeise
frutti di mare: Meeresfrüchte
funghi: Pilze
– *porcini:* Steinpilze
fusilli: spiralförmige Nudeln

G

gambero: Krebs
gattafin: in Olivenöl ausgebackene Gemüseravioli
gelato: Eis
ghiaccio: Eiswürfel
gnocchetti: Kartoffelklößchen
granita: zerstoßenes Eis mit Fruchtsaft
granoturco: Mais
grappa: Tresterschnaps
grissini: dünne Knabberstangen

I

insalata: Salat
– *mista:* gemischter Salat
– *verde:* grüner Salat
involtini: Fleischrouladen

L

lamponi: Himbeeren
lasagne al forno: überbackenes Nudelgericht
latte: Milch
– *di mandorla:* Mandelmilch
lattuga: Kopfsalat
lenticchie: Linsen
lepre: Hase
lesso: gekocht
limone: Zitrone
lingua: Zunge
linguine: schmale Bandnudeln
liquore: Likör
litro: Liter
– *un mezzo litro:* halber Liter
– *un quarto litro:* Viertelliter
lobata: Lendenbraten
lumache: Schnecken

M

maccheroni: dicke, hohle Nudeln
maiale: Schwein
maialetto: Ferkel
mandarino: Mandarine
manzo: Rind
marsala: Dessertwein
mela: Apfel
melanzane: Auberginen
melone: Zuckermelone
merluzzo: Kabeljau
miele: Honig
minestra: Suppe
minestrone: Gemüsesuppe mit Nudeln
mirtilli: Heidelbeeren
montone: Hammel
more: Brombeeren
mozzarella: Büffelkäse
muggine: Meeräsche

N

nasello: Schellfisch
nocciola: Haselnuß
noce: Nuß
nodino di vitello: Kalbskotelett

O

oca: Gans
olio: Öl
olive: Oliven
orata: Goldbrasse
ossobuco: Stück Kalbshaxe
ostriche: Austern

P

panada: Brotsuppe
pancetta: Schweinebauch
pane: Brot
panino: Brötchen, belegtes Brot
panna: Sahne
panettone: Hefekuchen
pappardelle: kurze, breite Nudeln
parmigiano: Parmesankäse
pasta: Teig, Nudeln
pasta al brodo: Nudelsuppe
pastasciutta: Nudelgericht mit Soße
pasticcio: überbackenes Nudelgericht
patate: Kartoffeln
– *arrostite:* Bratkartoffeln
– *fritte:* Pommes frites
– *lesse:* Salzkartoffeln
pecorino: Schafskäse
penne lisce: kurze, dicke, angespitzte und hohle Nudeln
penne rigate: kurze, geriffelte, dicke und angespitzte hohle Nudeln
pepe: Pfeffer
peperonata: Paprika-Tomaten-Gemüse
peperoncino: kleine Pfefferschote
peperone: Paprika
pera: Birne
pesca: Pfirsich
pesce: Fisch
– *spada:* Schwertfisch
pesto: Basilikumsoße mit zerstoßenen Pinienkernen, Parmesan und Knoblauch
petto di pollo: Hühnerbrust
piatto: Teller, Gang
– *del giorno:* Tagesgericht
piccata: Kalbfleischscheibe
piccione: Taube
piselli: Erbsen
pistacchi: Pistazien
polenta: Maisbrei
pollo: Huhn
polpetta: Frikadelle
polipo: Tintenfisch
pomodoro: Tomate
pompelmo: Grapefruit
porchetto: Ferkel
porcini: Steinpilze
pranzo: Mittagessen
prima colazione: Frühstück
prosciutto: Schinken
– *cotto:* gekochter Schinken
– *crudo:* roher Schinken
provolone: pikanter Käse
prugna: Pflaume
purè di patate: Kartoffelpüree

Q

quaglia: Wachtel

R

radicchio: Radicchiosalat
rafano: Rettich
rape: Kohlrabi
ravanelli: Radieschen
ravioli: gefüllte Teigtaschen
ribes: Johannisbeeren
riccio: Seeigel
ricotta: quarkartiger Käse
rigatoni: kurze, geriffelte Nudeln
riso: Reis
risotto: Reisgericht
– *alla marinara:* mit Meeresfrüchten
– *alla milanese:* Reis mit Safran
– *nero:* mit Tintenfischsoße
rognoni: Nieren
rombo: Steinbutt

S

sale: Salz
salmone: Lachs
– *affumicato:* geräuchter Lachs
salsa: Soße
– *verde:* grüne Kräutersoße
salsiccia: Würstchen
saltimbocca: Kalbsmedaillons mit Salbei und Parmaschinken
salvia: Salbei
sarago: Brasse
sarde: Sardinen
scaloppine di vitello: kleine Kalbsschnitzel
scampi: Krabben
sedano: Sellerie
semifreddo: Halbgefrorenes
senape: Senf
seppia: Tintenfisch
servizio: Bedienung
sgombro: Makrele
sogliola: Seezunge
spaghetti: Spaghetti
– *aglio, olio e peperoncino:* mit Knoblauch, Peperoncini, Olivenöl und Pfefferschoten
– *al burro:* mit Butter
– *alla carbonara:* mit Speck und Ei
– *alla Norma:* mit Tomatensoße und Auberginenscheiben
– *al pesto:* mit Basilikumsoße
– *alla puttanesca:* mit Tomatensoße, Oliven und scharfen Gewürzen
– *al ragù:* mit Fleischsoße
spezzatino: Kalbsgulasch
spiedino: Spießchen
spiedo (allo): vom Spieß
spiedino di carne: Fleischspieß
spigola: Seebarsch
spinaci: Spinat
spremuta: frischgepreßter Saft
– *d'arancia:* Orangensaft
– *di mela:* Apfelsaft
– *di pera:* Birnensaft
– *di pesca:* Pfirsichsaft
spumante: Sekt
stracciatella: Eierflaumsuppe
stufato: gedünstet
sugo: Soße

T

tacchino: Truthahn
tagliatelle: Bandnudeln
tartufo: Trüffel
tavola calda: Schnellimbiß
tenero: zart
timballo: Nudelauflauf
timo: Thymian
tiramisu: Dessert mit Löffelbiskuit und Mascarponecreme
tonno: Thunfisch
tortellini: gefüllte Teigtaschen
tortelloni: große Tortellini
tramezzino: Sandwich
trenette: lange, dünne und flache Nudeln
triglia: Barbe
trippa: Kutteln
trota: Forelle

U

uovo: Ei
– *à la coque:* weichgekochtes Ei
– *sodo:* hartgekochtes Ei
– *strapazzato:* Rührei
– *al tegamino (al burro):* Spiegelei
uva: Trauben

V

verdura: Gemüse
vermicelli: Fadennudeln
vino: Wein
– *bianco:* Weißwein
– *rosato:* Roséwein
– *rosso:* Rotwein
– *santo:* süßer Dessertwein
vitello: Kalb
– *tonnato:* Kalbsbratenscheiben mit Thunfischsoße
vongole: Venusmuscheln

Z

zabaione: Wein-Eier-Creme
zampone: Schweinshaxe
zucca: Kürbis
zuppa di pesce: Fischsuppe

Hier finden Sie die in diesem Band beschriebenen Orte und Ausflugsziele. Außerdem enthält das Register wichtige Personen, Stichworte sowie alle Tips dieses Reiseführers. Wird ein Begriff mehrfach aufgeführt, verweist die **fett** gedruckte Zahl auf die Hauptnennung. Die **Buchstaben-Zahlen-Kombinationen** verweisen auf die Karten in den Umschlagklappen.

Liebe Leserinnen und Leser,

wir freuen uns, Ihre Meinung zu diesem Reiseführer zu erfahren. Bitte schreiben Sie uns, wenn Sie Berichtigungen und Ergänzungsvorschläge haben oder wenn Ihnen etwas besonders gut gefällt:

Gräfe und Unzer Verlag, Reiseredaktion, Postfach 86 03 66, 81630 München
e-mail: merian-live@graefe-und-unzer.de

Alle Angaben in diesem Reiseführer sind gewissenhaft geprüft. Preise, Öffnungszeiten usw. können sich aber schnell ändern. Für eventuelle Fehler übernimmt der Verlag keine Haftung.

Lektorat: Ursula Huber
Redaktion: Christof Klocker
Kartenredaktion:
Reinhard Piontkowski

**Bei Interesse an Karten aus MERIAN-Reiseführern schreiben Sie bitte an: MERIAN-Kartographie, Grillparzerstraße 12, 81675 München
e-mail: info@merian-kartographie.de**

Gestaltung: Ludwig Kaiser
Umschlagfoto: F. Zanettini/laif: Fischerboote im Hafen von Camogli
Karten: MERIAN-Kartographie
Produktion: Helmut Giersberg
Satz: H3A GmbH, München
Druck und Bindung: Appl, Wemding
ISBN 3-7742-0566-3

Alle Fotos F. Zanettini/laif außer G. Jung 2/3, 40, 45, 55, 63, 67, 107; M. Thomas 98

Dieses Buch wurde auf chlorfrei gebleichtem Papier gedruckt.

Auflage	7.	6.	5.	4.	3.
Jahr	2004	03	02	01	00